För Burkhard, Beate un Stefan

De smucken Anfangsbookstavens in düt Book hett
Volker Butenschön trechtmaakt.

**Bibliografische Informatschoon:**
De Düütsche Natschonaalbibliotheek vertekent düt Book in de Düütsche Natschonaalbibliografie; akkrate bibliografische Daten kann een in't Internet ünner http://dnb.dnb.de afropen.



Plaggenhauer Verlag
Lüneburg 2016

**ISBN 978-3-937949-18-5**

MIX
Papier aus verantwortungsvollen Quellen
FSC® C022573
FSC www.fsc.org

# Volksmäärkens ut vele Länner

plattdüütsch vertellt vun Katrina Koopmann

PLAGGENHAUER

Plattschapp & Plaggenhauer
Bookhannel un Verlag
Inh. Signe Preis-Frese

# Määrkens – or de Määr van en Leven in Bliedskup

Vertellt ward, so dröff een annehmen, siet et Mensken up de Welt geven deit. Een kann nu nich jüst seggen, wannehr dat mit dat Vertellen anfungen hett. Dor is uk keen Stääd, wor 'n seggen kunn, jüst dor is dat eerste Maal en Määrken vertellt worn. Man dor is keen Volk up de Welt, keen Land in de Welt, wor dat nich Geschichten, Määrkens or Sagen geven deit. In den düütschen Spraakruum hebbt sik de Bröder Grimm över all de Määrkens, de van Generation to Generation wiedergeven, wiedervertellt worn sünd, hermaakt un jem över een Kamm scheert. So hebbt se meist all de glieke Struktur. Heel anners süht dat bi de velen Määrkens in de Welt ut, de Katrina Koopmann hier binannerdragen un in't Plattdüütsche brocht hett. Se sünd all heel verscheden, hebbt ehr egen Oort un ehr egen Klöör. Man för all Määrkens in de Welt gellt: Se hebbt en Böskup. Se wüllt künnig maken, wo man dat Leven risken kann. Se vertellt dorvan, wo de Welt entstahn is un wo man gegen dat Düüster un dat Lege in de Welt ankummt. Se fraagt: Wat maakt de Mensken bange un wo kann een de Bangte dwingen. Un se weet van en Kruut, wat gegen den Dood wussen is: de Leevde.

Määrkens vertellt dorvan, wo 't in't Leven togahn kann. Un dor kann dat Leven wesen as en Droom, man mitünner uk jüst dat Gegendeel. Määrkens vertellt, so as de Naam dat al bedüden deit, en „lüütke Määr", en Geschicht or en Böskup van en heel anner Leven, van en Leven, wat een goot risken kann (vgl. „Vom Himmel hoch, da komm ich her und bring euch gute, neue Mär").

Wi kennt Määrkens as Volksmäärkens, de van Generation to Generation wiedervertellt werd; as Bökermäärkens, de van Sammlers tohoopfaat un upschreven worn sünd (Bröder Grimm, Wilhelm Wisser); as Kunstmäärkens, de van een Person utdacht un upschreven worn sünd (to'n Bispill: Hans Christian Andersen, Theodor Storm).

Määrkens sünd nich blots, so as mennig Lüüd meent, Vertellsels, utdacht för Kinner un lögenhaft to vertellen. Määrkens sünd Geschichten van en Welt vull van Wunner. Man keeneen wunnert sik doröver. Se preestert uk keen Moral. Se vertellt van 't Glück, wat Mensken winnen könnt, wenn se binnenwies gaht, na binnen lustert, up ehr Seel höört. Bi Määrkens weet man aaltiet, wo man dran is. Se sünd kloor un düütlich. Dor gifft dat blots swatt or witt. Fuul of fliedig. Goot or leeg. Määrkens vertellt dorvan, wo dat binnen in't Hart van een utsehn deit. Un so as dat binnen een utsüht, so wiest sik dat uk na buten. So hannelt een denn uk.

Määrkens gaht tomeist blots een Fraag na. Se vertellt van

den Weg, den Mensken in ehr Leven gahn könnt: Se könnt dat Glück finnen or uk glattweg van'n Padd afkamen, den verkehrden Weg gahn. Man wenn se 't willt, denn könnt se (weer-)finnen, wat se eins eis maal verloren hebbt. Un an't Enn sünd tomeist de Lüttken de Groten. De schients Dumme kriggt de Prinzessin un ward König. Man bit dat sowiet kummt, mutt de een or anner Upgaav löößt weern. Eerst denn find een den Weg wedder na Huus, of kummt een bi sik „tohuus" an.

De Määrkenwelt is nich rosaroot. De Weg, den een to gahn hett, is nich licht to finnen. Dor helpt dat Wünsken, man de Töveree van de Hex kann een den Weg leep stuur weern laten. Deerten (Poggen, Immen, Mieglämmken, Wulf, Zegen ...) könnt proten, man nich all Mensken verstaht jem. Blots de, de up den rechten Padd geiht, de up dat Gode ut is, de binnen sik de Leevde spöört, de kann de Deertenspraak verstahn. De up de Siet van 't Gode stahn deit, up den töövt tolest en Prinz of en Prinzessin. Man bit dorhen is dat Leven stadig in Gefohr. In de düüstern Dannen luurt de Wulf. Un de Hex teiert sik toeerst noch fründlich, man denn ...? Doch de up sien Hart lustert un den annern – kann en Deert of en Mensk wesen – nich links liggen lett, kann tolest König weern. De Kroon driggt he al, een kann ehr blots noch nich sehn. Dat Gesicht, smeerig van Ask, is tolest dat Gesicht van en wunnerschöne Deern. Un de Slaap achter Dören un Müüren mag hunnert Johr un een Dag duurn, to rechte Tiet ward een mit 'n Söten weckt to een neiet Leven in Bliedskup. Faken speelt uk de Tall dree in't Määrken en grote Rull. Dreemal mott en Spröksken upseggt weern, dree Nachten mott een töven, erst denn is 't Tied dorför, dat de Upgav lööst weern kann. Määrkens lehrt us dit: Wi könnt us Glück, us Ansehn, den Sinn van't Leven, de Leevde nich mit noch so veel Geld kopen. Uk mit Gewolt lett et sik nich dwingen. Dat Glück kriggt een schenkt. Den Weg dör 't Leven kann een wagen, dat Leven kann een risken, wenn 't uk mitünner noch so düüster utsehn deit. De Leevde wiest den Weg. Den Weg dör 't Düüster mutt een gahn, uk wenn de Bangte noch so groot is. De Upgaav, wor een mit torechtkamen mutt, de kann een risken, wenn een up gode Lüüd (uk mitünner Deerten) luustern deit. De gollen Kroon blinkert een meist al intomööt.

Vertellt ward mit 'n Mund. Vörlesen is nich al Vertellen. Wor vertellt ward, kaamt Lüüd dicht binanner. Lüüd föhlt sik mitnanner verbunnen, dör dat Woort, wat egen Biller upkamen lett. De vertellt, hett aaltiet en Gegenöver, een, de tolustert.

De een vertellt Määrkens, Sagen un Geschichten free. Dat meent: De Verloop van't Vertellen is bekannt, man dat Määrken ward nich Woort för Woort jeed Maal gliek utwennig wiedergeven. De Verteller söcht sik sien egen Wöör in den Ogenblick, wor vertellt ward. Un de anner

acht jüst dorup, dat keen Woort, keen Satz verännert ward. De Määrkenvertellers nöömt dat „inwennig" vertellen.
Jede Geschicht, jedet Määrken hett sien egen Klöör, sien egen Klang, sien egen Hart. En goden Verteller versöcht altiet ruttofinnen, wor dat Hart van 't Määrken sitten deit. Dat bringt aver uk mit sik, dat en Verteller meist uk blots dorvan vertellen kann, wat ehr, wat em in't Binnerste an röögt. Kann wesen, dat mi de Geschicht van een best gefallen deit, man ik kann ehr so nich vertellen. Se stickt nich deep binnen mi.
Katrina Koopmann hett hier een Büld Määrkens ut verscheden Dele van de Welt tosamenstellt. Wisse Määrkens, de ehr an't Hart liggen doot, de ehr Binnerst an röögt hebbt. Un se hett de in en Spraak brocht, de na mien Menen för't Vertellen best to bruken is: dat Plattdüütsche. Of dat nu Määrkens ut Norwegen, dat Baskenland, Irland, Griechenland, Spanien of de Türkei sünd, se kriegt dör't plattdüütsche Överdregen en besünner Klöör.
Ik wünsch all, de in dit Book leest un sik de Määrkens binnenwies gahn laat, de Erfohrung, dat se anröögt weerd, dat de Böskup van de lüttke Määr in jem upklöört. Veel Pleseer!

Heinrich Siefer

## De Poggendeern

*ut Albanien*

Eenmal weer do en Mann un sien Fru. Se wünschen sik en Kind. Mennigmal snacken se dorvun. Schull dat en Jung ween? Schull dat en Deern warn? Och, weer doch puttegal. En Hond oder en Katt, en Vagel oder en Poggüütz. Na ja, en Kind hebbt se kreegen. Un wat is dat west? En Pogg! En wunnerscheune Poggendeern.

De Mann un siene Fru weren dor bannig mit tofreden. Se harn ok en Wienbarg. Jeedeen Dag güng de Mann na sien Wienbarg hen to'n Arbeiden. Af un an weer de Poggendeern ok dor baven. To Huus is se nich faken west. In de Middaagstiet bröch de Fru jümmer dat Eten na den Wienbarg rop. An een Dag güng ehr dat nich goot. „Mien Fööt maakt mi Pien. Ik kann hier nich mehr op den Barg ropkamen." Unverwohrens keem dor de Poggendeern: „Dat is nu en Arbeit för mi." De Mudder weer baff: „Dat geiht doch nich. Woans wullt du dat maken?!"

„Och Mudder, is allens in de Reeg. Bind mi man den Pott op mien Rüch fast." Nu weer dat jümmer de Dochter, de den Vadder dat Eten bringen dee.

Süh! Un denn lööp dat Schicksaal, as dat lopen wull! De Dochter har ehren Vadder jüst dat Eten bröcht, do sä se: „Vadder, sett mi dor in den Kassboom rin."

Knapp sitt de Poggendeern dor baven, dor fangt se an un singt. Keen dat höört, de dinkt, dor sitt de Engels in'n Boom.

Wat weer dat scheun antohöörn! Un nu? Ji hier weet da jo al ... As dat so geiht in en Määrken! Et kümmt en Prinz dor langs. He höört dat Singen, do is he hen un weg.
De Vadder is bi to arbeiden. De Prinz fraagt em: „Segg mi mal, keen singt dor so scheun?" Den Vadder is dat scheneerlich: „Ik weet nich, ik heff nix höört. Enkelte Kreihen sünd hier rümflattert."
„Mann, segg mi dat. Denn is dat en Deern, so schall se mien Bruut warn."
De Vadder schaamt sik jümmer noch. „As ik al seggt heff, ik weet dat nich."
An'n annern Dag, de sülvige Tiet, sitt de Poggendeern al wedder in'n Kassboom to singen. Ok de Prinz kümmt dor langs. „Nu segg mi endlich, keen singt dor?" De Vadder antert: „Weet ik nich, ik höör nix."
Süh, nu kümmt de drütte Dag. De Deern sitt in'n Kassboom un singt. Se singt noch veel scheuner as de Daag vördem. De Prinz hett keen Gedüür mehr.
„Du weetst, keen dor singt, un nu seggst du mi dat!" De Vadder seggt tögerlich: „Mi is dat scheneerlich. Mach ween, dat vergrellt Jo."
– „Wees nich bang, rut mit de Saak!"
– „Nu ja, dat is mien Dochter, un de is en Pogg!"
Den Keunigssöhn is dat liekerveel.
„Segg ehr, se schall rünnerkamen." De Poggendeern kümmt vun'n Boom daal un fangt dat scheune Singen wedder an. Do geiht den Prinzen sien Hart op. „Ik bitt di, war mien Fru!" Nu weer dat avers so: De Prinz weer de jüngste Keunigssöhn vun dree.

Jüst nu har de Keunig künnig maakt: Keen vun sien Söhns annern Dag en Bruut bringt, de en Roos dorbihett, un de Roos is de scheunst, de schall dat Keunigriek kriegen.
De Poggendeern is inverstahn: „Ik kaam mit. Vördem schallst du mi en witten Hahn schicken. Op den Hahn will ik na dat Slott henrieden." As ehr de Hahn bröcht wöör, dor sett se sik rop. Se möök sik op den Weg na de Sünn hen.
Denn dat schüllt ji weten: Smucke Kledaasch för gode Deerns hett de Sünn alltiet praat.
An'n Slott ankamen, töövt al de Prinz op ehr. Jüst in den Momang, as de beiden ünner dat Door dörchgaht, ward ut de Poggendeern en Fru, so scheun as de Lüüd dor noch nie nich een sehn harn.
All tosamen staht se nu in'n Thronsaal: De dree Keunigssöhns mit ehr Brutens. De ole Keunig kümmt dorto. De Bruut vun den öllsten Söhn höllt em en Nelke hen.
De twete hett en Roos bröcht.
De, de mal de Poggendeern west is, hett en güldengele Koornahr in ehr Hannen.
„Jo", seggt de ole Keunig to de Deern, „dat is dat Scheunst un dat Best. Dat is dat, wat wi för us Leven bruukt. Wat weren wi ahn dat Korn!
Ik weet nu, du büst klook un weetst Bescheed. Heiraat du mien jüngsten Söhn. Em will ik de Kroon geven."
Süh, un so is ut de Poggendeern en grote Keunigin wurn.

# De Reis na den Maand

*ut Tirol*

Vör en lange Tiet hett mal en Harderjung leevt. De meiste Tiet is he op de Weid mit de Deerten alleen west. So hett he faken mit de Deerten snackt. De Deerten hebbt keken, as wenn se allens verstahn deen. Ok de Planten nickköppen. Un de Steens dachen en lange Ewigkeit na. De Jung hett dacht: Dat is mi nich noog, ik will mehr weten. He weer klook, he har en Barg Fragen: Worüm geiht de Sünn op un wedder ünner? Woto is dat Gras gröön un nich root? Worüm is de Buur riek, un ik bün arm? Woans süht dat sachts deep in de Eer ut? Hett de Welt en Anfang un en End?

Wann, worüm, wofför, wokeen, woveel, woneem, woto???

Wokeen schull em en Antwoort geven?

De Lüüd in'n Dörp hebbt seggt: „Wi weet dat nich. Fraag doch den Maand." – „Na ja", dinkt de Jung, „denn will ik na den Maand reisen. Ik glööv, de Mann in'n Maand weet allens. Seker hett he ok en beten Tiet för mi. Man – woans kaam ik dorhen?"

Jümmer wedder kiekt he bi Nacht na den Heven. Jo, un denn hett he en Infall. He kleit sik enkelte Breder tosamen. Veer lütte Rööd hett he ok noch funnen un dorto Warktüüg. He maakt sik dormit op'n Padd den hogen Barg rop. Dor baven timmert he en Wagen tohoop. Denn ward dat Nacht. En scheune, klore Nacht. De Maand steiht groot un rund an'n Heven. Bannig veel Steerns glinstert dor. De

Jung töövt op de Steernsnuppens. Ji hier weet dat jo all: Wenn een dat süht, dat en Steernsnupp vun'n Heven fallt, kann een sik wat wünschen. De Harderjung dor baven op'n Barg süht nu veel Steernsnuppens daalfallen, to'n Griepen dicht an em vörbi.

En bannig grote snappt he sik, dreiht ehr üm un binnt ehr an sien Wagen fast. Bi de twölfte hett he noog tosamen. Los geiht de Fohrt.

De Reis güng dwass un dweer över den Heven. De Lüüd hier op de Eer weet bit hüüt noch nich, wat dor passeert is. Oha, dat weer en Tour, de Steernsnuppens sünd all dull west. Opletzt hett de Harderjung jem all an de Lien faat. Nu stüürt he stracks op den Maand to. As he ankamen deit, kiekt he sik üm.

Wunnerlich is dat hier! Sien Wagen binnt he an en Felsen fast. Na, woans schall dat nu wiedergahn? Woneem is de Maandmann?

De Jung söcht un söcht. As he al ganz wietaf is, steiht he vör en lütt Huus. Dat Huus weer akkerat ut Maandsteens boot. Achter dat Huus weer en Knüll. Dor stün en Stohl. Op düssen Stohl seet en unbannig olen Mann. De Jung fraagt em: „Büst du de Maandmann?" – „Kloor doch, bün ik." De Maandmann nickköppt un kiekt jümmers na de Eer hen. He is fründlich.

„Ik heff di al op diene wille Fohrt sehn. Du hest Moot un Kraasch. Dat seggt mi to. All de Tieden kiek ik na de Eer daal. Ik weet allens, wat dor passert un to doon is." De Harderjung weer froh, nu kunn he fragen un fragen. He wull so veel weten. He sett sik bi den Maandmann op den

Bodden. He har al glöhnige Backen.
De Maandmann hett jümmers wiedervertellt un stüttig na de Eer keken. De Harderjung hett dat allens in sik opnahmen.
De Tiet lööp dorhen. In de ene Nacht röögt de Maandmann em an: „Du weetst nu veel. Föhr wedder op de Eer trüch. Dien Weten schall för de Minschen en Hölp ween." De Harderjung sä den Maandmann Dank. He wanner na sien Wagen trüch. De Steernsnuppens weren dor noch an.
He hett den Wagen losmaakt. Denn is de Reis na de Eer gahn. Se kemen op densülvigen Barg an, wo se ok vun losföhrt weren. Vun dor is denn de Wagen miteens afhaut, mitsamt de Steernsnuppens. An'n Heven hebbt se em denn stahn laten. He steiht dor jümmers noch.
De Harderjung is in dat Dörp gahn. De Lüüd hebben em nich wedderkennt. Söven Johr weer he weg west. Ut em weer en Jungkierl wurn.
Nu hebbt de Lüüd em fraagt. He hett veel wusst. He hett allewegens hulpen. Ok de Keunig hett vun em höört un em in dat Slott kamen laten. De Keunig sä em, sien Dochter wull wat weten.
De Dochter kümmt un fraagt em: „Ik schall heiraden. Woneem schall ik den rechten Mann finnen?" Jüst in den Momang hett se dat wusst.
De beiden hebbt sik in de Ogen keken.
Un as ji dat all weet, sowat is al de halve Hochtiet. Kloor doch: Se hebbt heiraat. Wat meent ji woll, se sünd Keunig un Keunigin wurn. Jümmers bi Maandschien hebbt se beide na den Heven keken.

# De Soltmöhl op den Meerbodden

*ut Norwegen*

Malins is dat west, dor hett dat baven in'n Noorden twee Bröder geven. De een is riek west, de anner bedelarm. As de Winter kummt, hett de arme Broder nich een Happen mehr in't Huus. Siene Fru un de Kinner hebbt bannig Smacht. De arme Kierl maakt sik op 'n Weg na sien rieken Broder hen. Freit hett sik de Broder nich: „Ik geev di en groten Schinken, un du maakst dat, wat ik di nu segg."
De Arme nickköppt: „Ik segg di Dank dorför."
Süh, un de rieke Broder grient achtertücksch: „Denn gah mit den Schinken na den Düvel!" De arme Broder hett den Schinken op sien Schuller böört un sik op 'n Padd maakt. Toseggt is toseggt. Den helen Dag is he wannert. An'n Avend süht he vör sik en helligen Schien. He dinkt: „Bün ik al dor?" Dor is en Schuur west. En olen Mann mit witten Boort is dorbi un hackt Holt. „En goden Avend ok", seggt de Arme. „Meen ik ok so", seggt de Ole. „Woneem wullt du to?"
De Arme kiekt sik üm: „Ik will na de Höll rin. Is düt de Weg?" De Ole kiekt fründlich: „Du büst al dicht bi. Kiek hen, dor achtern is dat Höllendoor. Wenn du dor binnen büst, kaamt all de Düvels op di to. Se wüllt di wiss den Schinken afsnacken. Schinken is roor in de Höll. Aver du dröffst em bloots för de Handmöhl weggeven, de achter

de Döör in de Eck steiht. Hebbt de Düvels di wedder ut de Höll rutlaten, denn kaam na mi her. Ik war di dat mit de Möhl utenannerklamüüstern." Süh, de Arme hett dat so maakt. Bang is he vör de Düvels nich west.
Denn is he fix na den Olen trüch. De hett em allens, wat mit de Handmöhl tosamenhangt, vertellt. De arme Broder hett em Dank seggt, un denn is he gau na Huus wannert.
Sien Fru hett klaagt: „Woneem büst du so lang west? Wat hest du maakt? Dat is koolt hier in de Stuuv. De Kinner schreet. Wi all hebbt bösen Smacht …"
Denn höllt de Fru op un kiekt wunnerwarken. „Wat is dat, wat hest du dor mitbröcht?" De Mann sett de Möhl op den Disch.
„Möhl, mahl för us Eten un Drinken!"
Tja, so weer dat. Dree Daag hett de Familie sik endlich satt eten.
Dorna hebbt se denn Navers un Frünnen inlaadt. De rieke Broder hett ok dorvun höört un is kamen.
„Woher kümmt denn nu dien groten Riekdom?"
De Antwoort weer: „In de Eck achter de Döör." Un as dat so geiht, de rieke Broder hett dat rutfunnen. Nu wull he em de Möhl afköpen.
Dreehunnert Dalers hett he sien Broder geven.
Annern Dag schickt de Rieke sien Fru op den Acker rut. „Hüüt kaak ik dat Eten." In de Middaagstiet sett he de Möhl op den Disch. „Möhl, mahl mi Heringe un goden Haverbree." Un de Möhl mahlt. All de Pötte vull, denn de Kööк vull. De Broder schreet: „Haal op, is noog!" Hölpt allens nix. Dat Eten löppt al in dat Dörp rin.

Denn snappt he sik de Möhl un rennt gau na sien Broder hen: „Hier hest dien Möhl torüch."
Hebbt ji dat al markt? De hett doch nich wusst, woans een de Möhl wedder stillstahn lett.
De Broder, de mal arm west is, hett nu de Möhl wedder. He weet ja Bescheed. He hett sik veel Geld un Gold mahlen laten. Sorgen hett he keen mehr hatt. Man de Geschicht is noch nich to End.
An een Dag is en Schippersmann kamen, de wull de Möhl hebben.
He hett ehr kregen. As de Schipper wedder an Bord is, seilt he glieks op dat Meer rut. Dor fallt em in: He hett noch keen Fröhstück hatt.
Na, denn man to. Weer allens in de Kajüüt. Avers nee, dor hett dat Solt an fehlt. He dinkt: „Ik heff doch de Möhl. Möhl, mahl för mi Solt!"
Un nu geiht dat, as dat kamen mutt. De Möhl mahlt Solt. Se mahlt jümmerto. Dat hele Schipp is meist vull. De Schipper grippt sik de Möhl un smitt ehr över Bord. De Möhl sinkt op den Meeresbodden.
Süh, dor mahlt se jümmers wieder.
Kloke Lüüd meent, dor is dat Meerwater so sulten vun.

# Den Keunig siene Hasen

*ut Schweden*

Dor baven in'n Noorden, meist dor, wo dat Meer al iesig koolt is, dor hett en Keunig leevt. He un sien Fru, de Keunigin, hebbt en Dochter hatt. Oh, wat weer dat för en fiene Deern! As se grötter un grötter wöör, is se ok scheuner un scheuner wurn. Ik segg jo, so smuck as en Appelbleut. Un nu kemen de Grafen un de Prinzen ut all de Länner ümto. Se wullen ehr heiraden.

Nee aver ok!

De Keunig un de Keunigin wullen dat nich. Afsluuts nich! Se wullen ehr Dochter jümmers in ehr Slott beholen.

Na ja, wat schall ik seggen?! Die Prinzessin müch ok keeneen lieden vun all de Frie'ers. Se wull geern to Huus blieven.

Un noch wat! Do kunn een ganz baff ween. In dat Slott geev dat Hasen, bannig vele Hasen. Scheun sünd de west. Se hebbt all en sülvern Fell hat.

An een Dag schickt de Keunig siene Lüüd los. Se schüllt allerwegens künnig maken: Wenn een de Keunigsdochter heiraten wull, denn schull he vördem en Opgaav kriegen. De Frie'ersmann schull dree Dag lang de Hasen höden, buten op de Weid. Un he müss fix oppassen, dat bi Sünnünnergang all tosamen wedder in'n Slott sünd.

Oh, dat weer man bannig swoor!

Stellt jo dat mol vör, dreehunnert Hasen! Jeedeen weet doch, Hasen köönt rennen un Hakens slaan.

Nu wat anners!
In dat sülbige Keunigriek leev ok en rieken Buur. Düsse Buur hett dree Söhns hatt. De twee ölleren sünd starke Mannslüüd west, avers sünst ...! De Jüngst weer nich so stark. Man he weer klook un he har düchtig Moot.
Nu, de Buur höört dat jüst vun de Prinzessin un dat Hasenhöden. He schickt den jüngsten Söhn los, he schall dat mal versöken. De Jüngst heet Espen. Espen verlöppt sik in en düüstern Woold. Wat nu?! He hett Glück.
He dröppt en Köhler. En Köhler is een, de maakt ut Holt Holtköhlen. De Köhler wiest em den Weg na buten. Espen seggt em Dank vun Harten. He gifft em ok vun sien Broot wat af. „Du büst en düchtigen Kierl!", seggt de Köhler. „Ik schenk di en lütte Fleut. De bruukst du bi dat Hasenhöden. – Höör to: Wenn de Hasen wegloopt, denn fleutst du dor op. Un de Hasen kaamt all tohoop mit di in dat Slott torüch."
Espen is vergnöögt, he geiht in dat Slott rin. – Oh ha! As he de Prinzessin süht, is he hen un weg. Ok de Prinzessin mag em glieks lieden.
An'n annern Dag is Espen mit de Hasen op de Weid. De Prinzessin will em beseuken. Man he schall nich weten, dat se dat is.
Wat nu?! Se treckt all ehr scheune Kleder ut un treckt sik as en Jung an. Denn sett se sik op en Esel un ridd na de Wischen rut.
Espen süht ehr kamen. He weet glieks: Dat is de Prinzessin. De Prinzessin röppt luut: „He, Harder, verkööp mi een vun de sülvern Hasen. Du schallst dor dree Dalers för hebben!"

Espen grient sik een: „De Hasen verkööp ik nich. Man ik schenk di een. Du bruukst mi blots eenmol in dien Arms nehmen."
De Prinzessin dinkt: „Dat is en sünnerboren Wunsch. Aver – worüm nich!" Se leggt ehr Arms üm Espen rüm. Espen sett ehr een Hasen in en Korf, un de Prinzessin ridd na'n Slott trüch.
An'n Avend treckt Espen sien Fleut ut de Tasch, puust dor rin, un de Hasen kaamt all tosamen mit em bi dat Slott an. All de dreehunnert Hasen mit dat sülvern Fell.
De Keunig is heel verwunnert. He röppt sien Dochter ran: „Wi weet nich, woans düsse Bursch dat maakt. Dat mööt wi rutkriegen! Morgen fröh treckst du di as so'n olen Buurn an. Nimmst Oss un Wagen un föhrst na de Wischen rut. Dor köffst du en Hasen. Seggt wi mal: för hunnert Daler."
„Jo", seggt de Prinzessin, „so maakt wi dat!"
Espen süht al vun wieden, dor kümmt de Prinzessin antojuckeln. He verköfft ehr ok ditmol keen Hasen. „Ne, ole Buur, ik will dreemal en Seuten dorför hebben."
„Ach, wat schall ik denn anners maken?", dinkt de Prinzessin. Se küsst em dreemal. Ik glööv, se hett dat bannig geern maakt.
Die Prinzessin stickt den Hasen in en Sack rin un juckelt mit Oss un Wagen trüch na dat Slott.
Wat meent ji woll?! An'n Avend weer in'n Sack keen Haas mehr binnen. Espen har wedder in sien Fleut puust.
All de Hasen sünd mit em trüchkamen. De Keunig hett dreemal tellen laten. Nix to maken, de dreehunnert Hasen weern in'n Slott.

Nu kümmt de drütte Dag. De Keunig is düchtig opreegt: „Ik mutt wat doon. Anners will de Bursch amenn mien Dochter heiraden."
He treckt sik ole Plünnen an. Nu süht he ut as en oolt Wiev. He sett sik op en klapperigen Gaul. Un rut na de Weid hen. „Harder, verkööp mi dree vun de Hasen! Schallst veel Gold dorför hebben." Dor weet Espen: Dat is de Keunig. „Och nee, ik verkööp nix. Doch – wenn du dreemal dien olen Gaul ünner sien Steert küsst, denn schallst dree Hasen hebben.
„Ok goot", dinkt de Keunig. „De Bursch weet jo nich, dat ik de Keunig bün." De Keunig küsst dreemal den olen Gaul ünner'n Steert. Espen gifft em dree Hasen.
Un an'n Avend?! Dor hett Espen all de dreehunnert sülvern Hasen in dat Slott bröcht. He hett jo sien Fleut hatt.
Espen grööt den Keunig un de Keunigin.
„Majestät, ik heff nu de Opgaav lööst. Ik wull nu bittscheun de Prinzessin heiraden."
„Afmaakt is afmaakt", seggt de Keunig. „Man een Opgaav kriggst du dor noch to. – Wi hebbt in us Slott en groot, leddig Fatt. Dütt Fatt schallst du vullmaken. Vull mit Wohrheiten, bit bavenhen." „Jo", seggt Espen, „dat kann ik. Ik segg jümmers de Wohrheit."
De Lüüd haalt dat Fatt. All tosamen stellt se sik üm dat grote Fatt rüm.
Espen dinkt nich lang na. „Dat weer so. – An'n eersten Dag bi dat Hasenhöden keem en Jung op en Esel an. De wull en Hasen köpen. Ik heff em een geeven. Nu, de Jung hett mi dorför in siene Arms nahmen. Un dat is de

Prinzessin west."
„Jo, dat is wohr", seggt de Prinzessin liesen.
Denn is Espen wedder an de Reeg. „An'n tweten Dag op de Weid keem en olen Buur mit Oss un Wagen an. De wull ok en Hasen hebben. He hett een kregen. För dree Seute. Ok dat is de Prinzessin west."
„Jo, dat is wohr." De Prinzessin ward nu en beten root üm ehr Nees. „Nu", seggt Espen wedder, „an'n drütten Dag" – he kiekt na den Keunig hen. „Jo, also an'n drütten Dag keem en oolt Wief. De hett op en olen Gaul seten. Se wull dree Hasen hebben. Se hett de Hasen kregen." Espen kiekt wedder na den Keunig hen.
„Un – dorför – hett – se – denn – – –"
Miteens röppt de Keunig luut: „Is noog, is noog, dat Fatt is vull! Allens is wohr! Allens is wohr!"
He wull afsluuts nich, dat Espen to End vertellt. Dat weer em ja to scheneerlich. Nich uttodinken, wenn all de Lüüd dat to weten kregen: en Keunig, de en olen Gaul ünner'n Steert küsst.
So hett Espen den Keunig siene Dochter as Fru kregen. Dat geev en grote Hochtietsfier. De Vadder un Espen sien Bröder wöörn ok inlaadt. De hebbt sik düchtig wunnert. Schaad, dat wi hier nich ok mit dorbi weern.

## Dat Pöttje

*ut de Türkei*

Dor weer mal en arme Wittfru. Elkeen Dag seet de arme Fru an ehr Spinnrad un spunn de Wull to Goorn. Se har ok en smucke Dochter. De Dochter schick se jümmers in de Fröh na'n Markt hen. Dor schull se dat Goorn verköpen. Mudder un Dochter wören vun de poor Penn nich jüst riek, aver dat lang jümmer, för den Dag wat to eten to köpen.

An een Morgen har de Dochter wedder op den Markt Goorn verköfft. Op ehren Weg na Huus hen keem se ok dörch de Straat, wo all de Pötters ehr Warksteed hebbt. Vör de Dören stünnen allerwegens de Pött rüm. De Dochter keek sik allens an. Un dor, miteens süht se en Pöttje, dat is so scheun, dat seggt ehr so to – dat müss se unbedingt köpen.

All ehr Penns, de se in de Tasch har, geev se för dat Pöttje hen.

As se to Huus ankamen dee, sä se: „Mudder, kiek mal, ik heff wat köfft: En Pöttje, so en fien Pöttje!" De Mudder keem in Raasch, se schimp: „Du verdreihte Deern, wat schall dat?! Wi hebbt noch nich mal wat, wat wi in düt Pöttje kaken köönt." De Mudder greep sik dat Pöttje un smeet et op de Straat rut. Ehr Dochter kreeg en Backs. Süh! Un an'n Avend güngen se smachtig in de Puuch.

Tja, un nu? Nu leeg dat Pöttje op de Straat rüm, in all den Dreck. Dor keem en Heevamm vörbi. De Heevamm weer

vergnöögt. Se har jüst en lütten Pööks op de Welt holpen. Se stölter över dat Pöttje.
„He, wat is dat? Ach, en Pöttje! So en fien Pöttje! Du schallst mitkamen. Ik kunn di woll bruken."
To Huus ankamen, putz se dat Pöttje blitzeblank. Oh, wat weer se fideel! In dat Pöttje dee se Olivenööl. De Heevamm stell dat Pöttje op den Herd. Süh, un denn keem dor noch en Wienblattroulaad rin. Dat duur nich lang, dor rüük dat so lecker. Köönt ji jo dat vörstellen?!
Batz! Miteens klopp dat an de Döör. En Keerl weer buten, un he rööp luut: „Kaam rut, maak gau! Mien Fru kriggt al us Kind!" De Heevamm dreih sik na dat Pöttje üm: „Du muttst töven!" Denn güng se gau ut de Döör rut.
Wat möök nu dat Pöttje? Ji ward dat nich glöven!

R u m p e l d i p u m p e l ! T u c k e d i r u c k !

Dat Pöttje hüpp vun den Heerd rünner, op den Footbodden, un denn ut de Döör rut. Jümmers de Straat daal. Bit na dat Huus vun de Deern. Dor klopp et an de Döör. Poch! Poch! Poch!
– „Jo?", sä de Deern.
– „Keen is dor?"
– „Dat Pöttje!"
– „Na, un wat is binnen?"
– „Wat Goods."
Se möök de Döör op. Se sehg, wat dor in weer. „Mudder, us Pöttje hett wat bröcht." Se nöhm dat Pöttje, un se eten de Wienblattroulaad. Dat smeck goot. Un wat möken de

beiden denn?
Keen kunn dat glöven? Se smeten dat Pöttje wedder op de Straat rut. Dor leeg dat Pöttje nu, un wi töövt op dat, wat nu kamen schall. Un wohrhaftig! Keen keem dor? Dat weer de Sultanin mit ehr Denersche. Se wullen na dat Baadhuus hen. De Denersche stölter över dat Pöttje.
„Pass doch op!“, sä de Sultanin. „Hest dien Kopp al wedder woanners?!“ „Oh, wat is dat, en Pöttje? Keen smitt so wat Fiens weg? Nehm et mit, wi köönt 't noch bruken.“
So keem dat Pöttje in't Baadhuus rin. De Denersche müss et putzen.
För de Sultanin wöör allens trechtmaakt. Se trock ehr Kledaasch ut. Man wohen mit all den Klunkerkraam? „Geev mi mal dat Pöttje her“, sä de Sultanin. So keem de ganze Staffaasch dor rin: Halskeden, Ohrbummels, Ringe, Armbänner un Spangen för de Hoor. De Sultanin güng baden. In't Baadhuus weer dat bannig warm.
De Denersche weer mööd. Se höll dat Pöttje in ehr Hannen un sett sik daal. En Wiel later slööp se in.
Wat möök nu us Pöttje? Na kloor doch!

R u m p e l d i p u m p e l ! T u c k e d i r u c k !

Rünner op den Footbodden, rut ut de Döör! De Straat langs, na dat Huus vun de Deern hen. Poch! Poch! Poch!
– „Keen is dor?“
– „Dat Pöttje!“
– „Wat is denn binnen?“
– „Wat Scheuns!“

De Deern keek in dat Pöttje rin. Oh, wat dat blenkern un glinstern dee! „Mudder, kiek mal, us Pöttje is wedder dor!" De Deern nöhm all den Klunkerkraam. Se möök sik fien dormit. De scheunen Keden, de Ohrbummels, de Ringe, de Armbänner un in ehr Hoor de sülvern un gülden Spangen. Na, se is jo al vördem scheun west. Nu aver, ik segg jo: scheun, so scheun as de Vullmaand.
Oh, wat möök se nu?! Ach du leve Tiet! Se smeet dat Pöttje al wedder op de Straat rut. Dor leeg et nu.
Na kiek mal an, keen keem dor? En Prinz güng de Straat hendaal! Sien Dener weer ok mit dorbi. De Dener stölter över dat Pöttje un full op siene Nees. „He!", sä de Prinz. „Wat maakst du denn dor ünnen?" – „Oh, en Pöttje, so en scheun Pöttje! Dat schasst man mitnehmen." De Prinz un de Dener güngen ok in't Baadhuus rin. Dat Pöttje harn se bi sik.
Un nu keem dat Scheunst: De Prinz wöör baadt. Se hebbt em raseert. Sien Haar wöör trechtmaakt. Dorna hebbt se em inpüstert. Achterna rüük he un glinster he. Un nu weer he scheun – en Jung, so en scheunen kunn dat nich nochmal geven.
Ik segg jo, scheun as de Vullmaand! So stünn he dor un wunner sik sülven.
Op'n Stutz hüpp dat Pöttje ünner den Prinz un mit em dörch de Döör rut. Ji weet dat jo nu al!

Rumpeldipumpel! Tuckediruck!

De Straat langs, na dat Huus vun de Deern hen. Poch!

Poch! Poch!

– „Keen is dor?"

– „Dat Pöttje!"

– „Wat is denn binnen?"

– „En Brögam!"

De Deern reet de Döör op. De Prinz pedd ut dat Pöttje rut – as ik dat seggt heff, scheun as de Vullmaand. De Prinz keek de Deern an:

„Oh, di kunn ik lieden, wüllt wi heiraden?"

De Deern anter: „Inverstahn, dat maakt wi."

Jo, un nu wöör Hochtiet fiert. So richtig scheun. Nich so as bi us hier. So een oder twee Daag lang. Nee, se fieren veertig Daag un Nachten lang. Se fieren, un all de Lüüd, de freien sik.

Na jo, us hier hebbt se nich inlaadt.

Un dat Pöttje?

Dat Pöttje, dat hebbt se nie nich wedder op de Straat rutsmeten.

# Ik sülven

*ut dat Baskenland*

In de olen Tieden leven in de Bargen en olen Mann un siene Fru. Arm sünd se west. Se harn bloots en poor Schaap. Elkeen Dag dreev de Mann siene Schaap op de Weid rut.

De Fru seet an't Spinnrad un spunn de Wull to Goorn. Dat Goorn hebbt se verköfft, un dorför köffen se sik denn jümmers en beten Broot un Wien. So güng dat Johr för Johr.

Doch denn keem dat bannig dull! An een Avend, dor geiht de Mann fröh in de Puch. De Fru sitt noch an'n Kamin un spinnt de Wull.

Doch wat is dat?!

Miteens, dor ruschelt dat in'n Schosteen. Und dat rumpelt, dat ramentert, un dat pultert. De arme Fru verfehrt sik. Un denn springt en Laminak in de Stuuv. Un de Laminak, de gnurrt ehr an:

Du giffst mi Wien, Du giffst mi Broot,
Sünst muul ik, sünst huul ik,
sünst biet ik di doot!

De Fru springt op, dat Goorn fallt daal. Se is bang, se bevert. Nu löppt se hen na de Spieskamer. Gau hett se dat Broot rutnahmen, un den Wien ok. Se höllt dat den Laminak hen. De grippt sik dat Broot.

He bitt dreemaal to; happ, happ, happ! Dat Broot is weg. He grippt na den Kroog mit den Wien.

He sluckt dreemal; gluck, gluck, gluck! De Kroog is leddig. De Laminak kiekt de Fru düüster an. Denn seggt he: „Wenn du wat seggst, wenn du dat waagst, mi to verraden, denn schallst du in de Hölle braden!"
Denn geiht de Laminak bi de Döör rut un is verswunnen. Goot slapen hett de Fru in de Nacht nich mehr.
An'n annern Dag fröhmorns geiht de Mann in de Spieskamer. He will sik en Stück Broot halen. Man Broot is nich mehr dor.
„Fru", seggt he, „wo is dat Broot?" De Fru hett keen Moot, de Wohrheit to seggen. „Och, leve Mann. Hüüt Nacht har ik so 'n Smacht, dor heff ik allens opeten."
„Un wo is de Wien?"
„Ik heff ok bannig Dörst hatt."
Nu weet de Mann: Dor stimmt wat nich. Dor is wat nich in de Reeg. Sien Fru har nie nich veel eten, un drunken ok nich.
Avers lagen har se bit nu al gor nich.
De Mann hett nix wieter seggt. He is na siene Schaap hengahn.
An'n Avend hett de Mann so doon, as wenn he na Bett geiht.
Man dat deit he nich. He stellt sik achter de Slaapkamerdöör. Dor kiekt he dörch en Astlock. So hett he allens mitkregen, as dat wedder losgüng.
Dat ruschelt wedder in'n Schosteen, un dat rumpelt, dat ramentert un dat pultert. De Laminak springt in de Stuuv.

Un he knurrt de Fru wedder an:

Du giffst mi Wien, Du giffst mi Broot,
Sünst muul ik, sünst huul ik,
sünst biet ik di doot!

De Fru is sachs gau lopen. Se hett dat Broot un den Wien haalt. De Laminak hett wedder allens opeten un utdrunken. He is ierst gahn, as he wedder drauht hett:
„Wenn du wat seggst, wenn du dat waagst, mi to verraden, denn schallst du in de Hölle braden!"
„Süh", dinkt de Mann, „so is dat. Dor is us Broot un Wien bleven! Wat maak ik denn nu?!"
An'n annern Morgen, vör Dau un Dag, löppt he in dat Dörp rünner. Dor leevt en ole, kloke Fru. He vertellt ehr allens vun den Laminak. „Jo", seggt de ole Fru, „dat is so 'n Saak mit de Laminaks. Allens, wat se us an den Hals wünscht un wat Böös is, dat geiht ok in Erfüllung."
Un denn hebbt de Mann un de kloke Fru tosamen överleggt, wat dor to maken is. An densülbigen Dag an'n Avend hett de Mann sien Fru fröh in de Puuch schickt. Se weer al so mööd vun den Laminat sien Fisimatenten.
Se is glieks inslapen.
Un wat maakt de Mann dor?! He treckt sik en Kleed vun sien Fru över. He binnt sik ok ehr Koppdook üm. So sett he sik vör den Kamin un töövt. Dat duurt gor nich lang, dor geiht dat wedder los: Dat ruschelt in'n Schosteen, un dat rumpelt, dat ramentert, un dat pultert! De Laminak is wedder dor.

Du giffst mi Wien. Du giffst mi Broot.
Sünst muul ik, sünst huul ik,
sünst biet ik di doot!

Dor seggt de Mann mit ganz hoge Stimm: „Hüüt gifft' keen Broot. Ik sülben heff allens opeten. Wien gifft dat ok nich. Ik sülben heff allens utdrunken."
Nu ward de Laminak vergrellt. He brüllt luut: „Iksülben, Iksülben, keen is Iksülben? Is dat dien Naam?"
„Jo", seggt de Mann, „so heet ik."
De Laminak brüllt nu noch leger: „Dat ward di noch leed doon! Mien Flook schall di drepen!" Un denn rullt he mit sien Ogen un seggt: „Iksülven, Iksülven will allens eten. Iksülven, Iksülven will allens drinken. Iksülven, Iksülven schall stantepee to Bodden sinken!"
Knapp hett de Laminak to End schreet, dor fallt he üm un röögt sik nich mehr. Gau röppt de Mann sien Fru. He lett ehr keen Tiet, sik to wunnern. „Faat mit an! Wi smiet den Laminak buten in den Pohl."
Enige Tiet later hebbt de annern Laminaks em dor funnen. Se hebbt em wedder munter maakt. Se hebbt em ok fraagt: „Keen hett di dat andoon?"
Dor hett de Laminak schreet: „Iksülben, Iksülben, Iksülben!"
De annern Laminaks hebbt em utlacht. Un denn hebbt se em verkloppt. Wenn een so dusselig is, denn dörf he nümmers nie mehr bi de Minschen spöken. Na ja, keen kunn dat weten?!
Ik segg jo: Wenn dor een is, de jümmerto seggt: „Iksülben, Iksülben" – mag angahn, dat is en Laminak!

# Dat Ulenbord

*ut Westfreesland*

En Buur weer flietig un rechtschapen. He un sien Fru rackern sik af vun fröh bit in de Nacht. Man dat hett allens nix holpen. Mit ehr Weertschaft güng dat jümmer mehr in de Grütt. Eenmal weern de Swien elendig, dat annermal hett de Voss de Höhner dootbeten, un ok de Köh harn mal düt un mal dat.

Dat Koorn weer verhagelt, de Wischen dröög. De Buur weer sluukohrig. He wüss nich mehr, woans he de Pacht betahlen schull.

To sien Fru har he noch nix seggt. Süh! Jüst dat har he man doon schullt!

An een Avend geiht de Buur noch eenmal na buten op den Hoff rut. He will kieken, ob allens in de Reeg is. Bannig düüster is dat. De Regen pladdert man so vun'n Heven daal. En Storm treckt op.

Buten an de Luft will de Buur noch över allens nadenken. De Pacht, de Pacht! Tokamen Week is dat so wiet. He hett al gräsige Kopppien vun dat vele Dinken.

He lehnt sien Kopp an dat Schünendoor.

Mit eenmal steiht dor een achter em. De Buur verfehrt sik un dreiht sik üm. „Goden Avend ok", seggt de Kierl. „Buur, wat is los mit di?"

De Buur antert: „Ik weet nich mehr wieder. Ik heff keeneen Penn för de Pacht."

„Och", seggt de Kierl, „wenn 't wieder nix is, dor kunn ik di helpen."
De Buur will sik nu den Frömden nipp un nau bekieken. Man dat is to un to düüster. Blots de Ogen kann he sehn. Un de sünd gräsig. De Ogen sünd root un glöhnig.
Nu is de Buur wiss: Dat is de Düvel!
De Düvel grient: „Höör mi to, ik betahl di forts de Pacht. Un hüüt Nacht boo ik för di en ganzen Hoff, mit Huus un Stall."
De Buur ward luukohrig, he wunnert sik: „Eenfach so? Oder wat wullt du dorför hebben?"
De Düvel grient al wedder: „Och, nur so en lütten Püttscherkraam. Du giffst mi dien Seel."
De Buur kreeg dat kole Gräsen. Sien Hart kloppt luut in sien Bost. „Ik weet dat noch nich. Ik mutt dor noch en Wiel över nadinken."
„Na goot", meent de Düvel, „Ik fang al mal an. Un wenn ik dat schaff bit morgen fröh vördem de Hahn kreiht, un allens, Huus un Stall, is fardig – denn büst du mien!"
De Buur is schier vertwievelt, man he seggt: „So maakt wi dat." Un denn geiht he in 't Huus rin.
„Mann", seggt sien Fru, „wat is los mit di?"
„Och", seggt he, „ik weet nich, ik heff Kopppien. Laat us man na Bett gahn." Sien Fru is glieks inslapen. De Buur nich. He dreiht sik üm un wedder üm. He dinkt: „Oh, wat heff ik dor maakt!"
De Buursfru ward vun ehren Kierl sien Wöltern waak: „Mann, nu slaap endlich. In de Fröh gifft dat wedder veel Arbeit."

Jüst nu fung dat buten an to hamern un to kloppen. Dat weer en Krach – kunnst dinken, de Welt geiht ünner. De Buur trock sik de Deek över 'n Kopp. He wüss jo, wat dor buten passeer. Dat weer de Düvel mit sien Lüüd, un de weren an'n Buen.
De Buursfru will rutgahn. „Nee", seggt de Buur, „dat geiht nich, du schallst man in't Huus blieven."
„Na, hör mal, Mann, büst du dörchdreiht?! Op usen Hoff is en Larm vun dusend Lüüd, un ik schall nich nakieken?"
„Fru, wees still!"
De Buur liggt bevern ünner sien Deek. Nu kummt sien Fru in Raasch.
„Mann, dor is doch wat nich in de Reeg. Du büst doch bang. Nu vertell mi mal, wat dat bedüden schall. Ik segg di, maak gau!"
Tje, nu mutt de Buur allens vertelln. De Fru schüttkoppt.
„Oh Mann, oh Mann, eens weet ik wiss, dien Seel kriggt de Düvel nie nich!"
Buten op den Hoff weer jümmers noch veel Rabatz to höörn.
„Fru, wi mööt wat doon." – „Loot mi mal nadinken. Hm – –"
De Sünn wull ok bald opgahn. Un denn wüss se, wat to doon weer.
De Buursfru sett sik ganz liekepiel in ehr Bett hen. Se röögt sik nich.
„Wat hett se woll in'n Sinn?", dinkt de Buur.
De Fru haalt deep Luft un denn – – – fangt se an to kreihen. Ganz luut.

So as de Hahn op den Hoff. Ji hier köönt jo dat gor nich vörstellen, dat en Fru so akkraat kreihen kann.
Op'n Stutz weer vun den Larm buten nix mehr to höörn, gornix!
De Buur, de har jümmers noch en Tatter. De Fru nöhm all ehren Moot tosamen un güng na buten.
Denn rööp se: „Mann, kaam rut, dat muttst du di ankieken."
Tögerlich güng de Buur rut. Denn weer he baff!
Wat he dor to sehn kreeg: En Buurnhoff, groot un smuck. Keeneen hett je so wat Scheuns sehn.
Na ja, bit op een Saak, de hett fehlt: Do baven an'n Gevel vör dat Dreeeck weer keen Ulenbord. Un en Ulenbord mutt sien!
De Timmermann wöör haalt, un de boo do baven en Ulenbord an. Dat is ut scheunet, fastet Holt west. Nu kunnen de Ulen inflegen.
Tjü, dat hebbt se sik so dacht! Süh, an'n annern Morgen weer dat scheune Ulenbord weg. Un so güng dat wieder: Ulenbord antimmert, an'n annern Morgen is dat Ulenbord wedder weg.
„Is doch klor" seggt de Buursfru, „dat haalt sik de Düvel weg."
„Nu maakt wi dat anners, do kümmt en Ulenbourd ut Felsensteen hen. Denn kann de Düvel sik do sien Tähn an utbieten."
Süh, un düt Ulenbord is dor hüüt noch an.
Un wenn ji hier mal en Düvel seht, de ahn Tähn rümlopen deit, denn is dat de ut düsse Geschicht!

## De Keunig Lindworm

*ut Dänemark*

Twee hebbt heiraat, dat weren en Keunig un en Keunigin. Glücklich sünd se west. Man mit de Tiet wöörn se trurig un truriger. Dat heet, se hebbt keen Kind hebben schöllt. An een Dag geiht de Keunigin in'n Goorn spazeren. In ehren Kummer kiekt se jümmer na ünnen op de Eer. De velen scheunen Büsch un Blomen ward se gornich gewohr. Dorbi kümmt se in en Goorneck wiet af vun'n Padd.

En ole Fru sitt dor vör en lütt Huus: „Fru Keunigin, worüm büst denn so trurig?" De Keunigin antert: „Och, du kannst mi ok nich helpen." – „Villicht doch", meent de ole Fru. Nu vertellt de Keunigin vun ehren Kinnerwunsch.

De ole Fru hett Raat wüsst: „Höör to. Hüüt an'n Avend bi Sünnenünnergang nimmst du en Bad. Dat Water bringst du in en Schöttel hier in düssen Goorn. Dor in de Nordwesteck schütt dat Water ut. Stell de Schöttel doröver. An'n annern Morgen bi Sünnenopgang treck de Schöttel weg. Denn sünd dor twee Rosen. De een is root, de anner witt. Fru Keunigin, ittst du de rode, so ward dat Kind en Jung. Man ittst du de witte Roos, denn ward dat en Deern. Un nu hör nipp un nau to, wat ik di segg: Du dörvst nie nich de twee tosamen eten!"

De Keunigin hett allens so maakt, as de ole Fru seggt hett. Bi Sünnenopgang is se in'n Goorn gahn. Se nimmt de Schöttel weg, un, oh Wunner, een rode un een witte

Roos wasst dor. Süh, wat nu?!
Dat Schicksaal hett dat anners wullt!
De Keunigin itt de witte Roos. Dat smeckt ehr. Dat smeckt ehr so goot, dor mutt se ok de rode Roos eten. Se dinkt so för sik: „Na ja, denn ward dat sachs Tweeschen." De Keunig weer jüst in en anner Land. De Keunigin schickt em de Naricht: „Wi ward bold en Kind hebben." De Keunig hett sik bannig freit.
Denn kümmt de Dag, wo de Keunigin to liggen kamen is. Dat weer en swore Geboort. Dor is keen Jung un ok keen Deern op de Welt kamen. Wat dat west is, wüllt ji weten? En Lindworm, dat will seggen: en Draken. Wat maakt de? Kuum is he boren, krüppt he ünner dat Bett in de Kamer. Un dor blifft he ok. Sünnerbor, de Lindworm wasst un wasst.
Na en poor Weken is he al utwussen.
Mit en groot Trara kümmt de Keunig wedder trüch. All de Lüüd loopt vör dat Door. Ok de Keunigin un de Lindworm. De röppt luut: „Mien Vadder, ik gröötdi!" De Keunig is baff: „Wat, ik schall dien Vadder ween?!" De Lindworm antert: „Kloor doch, du büst mien Vadder, un ik bün dien Söhn. Wenn du mi nich wullt, maak ik dat hele Riek toschannen!"
De Keunig mutt nageven. An'n tokamen Dag is in dat Slott en groot Versammeln. All de vörnehmen un rieken Lüüd sünd in'n Saal tohoopkamen. Jüst dor geiht de Döör op.
De Lindworm kümmt rin. He röppt ganz luut: „Vadder, ik will nu heiraden!" De Keunig süüfzt: „Glöövst du, dat gifft en Deern, de di nimmt?" – „Vadder, beschaff mi en Fru. Pottegal, ob groot or lütt, oder arm oder riek. Sünst freet

ik jo alltohoop stracks op."
De Keunig maakt dat in all de Länner ümto künnig un fraagt, welkeen Prinzessin sien Söhn to'n Mann nehmen much.
Unvermodens is en wunnerscheune Prinzessin kamen. De Hochtietsdag wöör ansett.
Veel Lüüd sünd al in'n Saal. Op den Lindworm töövt se noch. Bit nu hett de Prinzessin em nich to sehn kregen. „Dat is sachs sünnerlich", hett se dacht. De Fier is al in Gang. Jüst nu kümmt de Lindworm. He stellt sik bito. Na de Trooung geiht dat Poor in de Kamer. Kuum sünd se in de Döör, dor hett de Lindworm de Prinzessin opfreten. So wat avers ok!
Naja, de Tiet löppt wieder.
De Keunig fiert Geboortsdag. Dat geiht allens komodig to. Na ja, bit de Lindworm rinkamen is. He bölkt: „Vadder, ik will en Fru, sünst freet ik di op!" De Keunig hett dat wedder künnig maakt. Vun wietaf is en Prinzessin kamen. Scheun is se west. Och ja, wat schall ik dor vertelln; de Lindworm hett ok düsse Prinzessin freten.
De Tiet löppt wedder dörch dat Land, un nu hett de Keunigin Geboortsdag. Dat ward fiert. De Lindworm kümmt dorto. Wedder is he an't Bölken: „Vadder, ik will en Fru!" De Keunig schüttköppt: „Dat geiht nich mehr. Ik heff al Maleschen noog. De annern Keunige wüllt Krieg mit mi anschünen." „Laat jem man kamen", brüllt de Lindworm. „Vördem finn mi en Fru! Ik freet anners noch dat hele Volk op."
De Keunig weer unglücklich. Die Keunigin weer bedröövt.

Opletzt maakt se sik sülbst op de Söök. De Keunigin wannert dwass un dweer dörch dat Riek.
Se hett bannig vele Deerns fragt; keeneen wull den Lindworm heiraden. Bi ehr Sökeree kummt se eens Daags bi en Hütt an.
De Keunigin is mööd un dörstig, so kloppt se an de Döör. Dor binnen wahnt de Schäpersdeern. Se maakt de Döör apen. Se kennt de Keunigin wedder: „Kaamt rin un verhaalt Jo!" De Schäpersdeern gifft ehr ok wat to drinken. Nu vertellt de Keunigin vun ehr Sorgen.
Un denn – wat ok anners?! – seggt se: „Schäpersdeern, heiraat mien Söhn!"
De Schäpersdeern verfehrt sik: „Fru Keunigin, ik weet, ik bünn arm, liekers bün ik doch tofreden. De Lindworm ward ok mi freten."
Die Keunigin weent: „De Lindworm will afsluuts en Fru, anners maakt he all un allens toschannen." De Schäpersdeern will sik dree Daag bedenken. Se maakt sik op den Padd in den Woold. Swoor is ehr üm 't Hart.
Se gruvelt hen un her. Dorbi kümmt se jümmers deper in den Woold rin. Düster is 't dor west. Doch denn ward dat miteens hell. En ole Fru mit roden Rock kümmt ehr in de Mööt. De Ole kiekt ehr fründlich an.
„Schäpersdeern, wat is mit di? Wat hest du?" De Schäpersdeern vertellt nu, wat op ehr Hart drückt. De Fru nickköppt sinnig: „Nehm den Lindworm as Mann. Bang bruukst' nich ween. Di is to raden. Hör mi to un maak allens akraat so, as ik di dat segg."
Un so is dat ok kamen.

De Schäpersdeern seggt bi de Keunigin to. De Dag för de Hochtiet ward fastleggt. De Damens in'n Slott hebbt de Schäpersdochter fien utstaffert. Noch scheuner is se wurn. Den Keunig seggt se, he schall en grote Balje vull mit Soltlaak un en Pott vull mit söte Melk in de Brödigamkamer bringen laten.
De Trooung weer üm, dor treckt de Bruut ehr scheunet Kleed ut. Un nu? All de Lüüd kiekt dummerhaftig. Se treckt över ehr egen Hemd noch söven Hemden dorto.
De Brödigam nimmt siene Bruut mit in de Kamer. De Döör ward tomaakt. In'n sülvigen Ogenblick schreet de Lindworm: „Jungfru, treck du dien Hemd ut!" De Bruut antert sachten: „Keunig Lindworm, treck du toerst diene Huut ut." Dor fuucht un sirst he, un he mutt dat avers doon. So geiht dat nu mit all siene söven Hüüt. De Stimm ward em gresiger un grulich. De Ogen sünd glöhnig, dor kaamt Funken rut.
De Lindworm speet Füür un Swevel. Dat hele Slott is an'n Bevern.
De Schäpersdeern geiht dor nich vun af. Veel Kraft hett se nich mehr.
Opletzt liggt de Lindworm op 'n Bodden.
De Schäpersdeern dinkt an den goden Raat vun de ole Fru. Se baad den Lindworm in de Soltlaak, dorna wascht se em mit seute Melk af. Denn wickelt se em in de söven Hemden rin un driggt em in dat Bett.
Se leggt sik dorto un is forts inslapen.
De Morgen is kamen. De Schäpersdeern waakt op. Wat is dat?! Dor hett ehr een in siene Arms nahmen. Se

wunnert sik. Keen is dat? He gifft ehr en Söten: „Scheune Schäpersdeern, du hest mi befreet. Ik dank di!"
Ok de Keunig un de Keunigin sünd vull vun Freid west: „Dank di, Schäpersdeern, Dank di!"
„So", seggt de junge Prinz, „nu ward eerst recht Hochtiet fiert. All de Lüüd sünd inlaadt."
Noch na Johren weer allens in de Reeg.
De beiden sünd Keunig un Keunigin wurn. Se hebbt gerecht regeert ehr hele Levenstiet lang.

# De Swienharder un de Keunigsdochter

*ut dat Banat*

As dat so is in de Welt: Al wedder is dor en Keunig mit sien Dochter. De Keunig seggt to ehr: „Ik bünn nu oolt, dat Riek bruukt en jungen Keunig. Ik sök di en Mannsbild." – „Vadder, ik bin inverstahn", antert de Prinzessin, „man ik söök mi den Kierl sülvst ut." Denn hett se sik en Proov för den Frie'er utdacht. Op dree Mal is de Proov utricht. Egens wull de Prinzessin nich heiraden. Ehr Vadder hett kündig maakt, de Frie'er mutt sik dreemal so versteken, dat sien Dochter em nich finnen kann. „Ha, ha", dacht de Prinzessin, „in mien Töverspegel seh ik allens."

Se sünd kamen, de Frie'ers. Jeedeen wull de scheune un kloke Keunigsdochter heiraden. Dat sünd wull so üm un bi dusend Prinzen un Grafen west. Keen vun jem hett de Opgaven schafft. As de Keunig al dacht hett, nu kümmt keen mehr, dor mell sik en Swienharder. „Oha!" dinkt de Keunig, „man pottegaal, ik bruuk en Nafolger."

De Swienharder har veel Moot. He kenn sik ut mit allens in de Natuur. Mit allens, wat dor krüppt un flüggt. De Deerten kennen em ok goot, he har jem jümmers holpen. Süh, nu de eerste Opgaav: He geiht rut in de Heid. Woans schall he sik versteken? Na, wat is dat? Vör em sitt en Aadler. „He! Wat is mit di, büst du verletzt?" De Swienharder ritt en Striepen vun sien Hemd af. He wickelt dat bi den Aadler üm de Wunn. Ok vertellt he den Aadler, wat he vörhett. „Ik hölp di“, seggt de Aadler. „Sett di op mien Rüch. Ik fleeg mit di bit achter de Wulken hen. Nüms kann di dor sehn.“ De Aadler flöög un flöög mit den Swienharder op sien Rüch.

An'n Avend stellt sik de Prinzessin vör ehren Töverspegel. Se kunn dat glieks sehn, woneem sik de Swienharder ophollt. Se röppt em to: „Ik heff di al sehn. Kannst rünnerkamen.“ „Wat nu?“, dinkt de Swienharder.

An'n annern Morgen geiht he an dat Meer rut. An't Över liggt en groten Fisch. De Fisch seggt em, ahn Water kunn he nich wiederleven. De Swienharder driggt em in dat Water rin un vertellt den Fisch, wat he so vörhett. „Tja“, seggt de Fisch, „dat geiht nich so to, as dat mutt. Wenn du Kuraasch hest, denn kaam mit mi mit.“

De Fisch nöhm den Swienharder mit na den Meerbodden. Dor hett he em noch mit siene Flossen todeckt.

An'n Avend steiht de Prinzessin wedder vör ehren Spegel. Un wedder hett se den Swienharder funnen. „Du Sluusohr, kaam rop dor ut dat Water.“ He is al vertwievelt. „Wat maak ik, wat maak ik. Ik arme Kierl.“ De Keunig will em wat Goots doon: „Hool nu op dormit. Bliev so bi us!“ Nee, de Swiensharder wull nich: „Ik maak dat toend.“

Bi Dau un Dag güng he rut in de Natuur. He dinkt un dinkt: „Wat nu?“ He löppt in en Daal rin. Nevel, nix as Nevel. Miteens is dor en Füürhupen. Dorvör sitt en bannig groten Kierl. An 'n Füür is dat mollig warm west. De grote Kierl fragt den Swienharder: „Segg mal, wat söchst du hier?“ „Ach“, süüfzt de Swienharder, „ik weet nich in noch ut.“

Un denn vertellt he allens. De anner seggt: „Ik bün de Wooldgeist. De Herr vun all dat, wat hier wassen deit. Ik kenn di al lang. Ik war di hölpen. Pass op, nu büst du en Roos, un ik bring di na dat Slott hen.“ De Wooldgeist duukt bi dat Slott op. Jüst nu geiht de Prinzsessin mit ehr Lüüd spazeern. Da süht se een mit en wunnerscheune Roos in sien Hannen. Un duft hett de Roos! Se snackt em an: „Geev mi de Roos, schallst Gold dorför hebben.“
„Scheunste Prinzessin, dat is en Gaav för di. Ik steek di düsse Roos in dien Hoor.“ So hett de Wooldgeist dat maakt, un denn is he verswunnen.
Un wedder kümmt de Avend. De Prinzessin geiht vör ehren Töverspegel. O Schreck, nix to finnen. Woneem stickt de Kierl? Se röppt ganz luut: „Kaam rut. Keen du ok büst, ik war di heiraden!“
Op den Stutz steiht de Swienharder blangen ehr. De Prinzessin hett sik verfehrt. Wat süht de Kierl schietig un plünnerig ut! Forts bringt de Deners em in de Baadwann. Se hebbt em ok noch utstaffeert un smuck trechtmaakt.
De Keunig hett sik bannig freit.
Bi de Hochtiet sünd se beid Keunig un Keunigin wurn. De junge Keunig hett jümmer allens in 't Riek wusst, de Deerten hebbt em hulpen.
Opletzt is de Töverspegel futsch gahn. Man den bruken se ja nu ok nich mehr.

# De Keunigsdochter in dat Drakenslott

*ut Siebenbürgen*

Dat geev mal en Familie, de weer bannig arm. Se harn so veel Kinner, as en Seev Löcker hett. Nu weer wedder mal en Söhn op de Welt kamen. De Vadder söcht en Paten. Wat maakt he? He stellt sik an de Landstraat un töövt. Dat duurt nich lang, dor kummt een. Dat is en olen Mann mit en langen, witten Boort. He hett en scheune Kauh un ehr Kalf dorbi. De Vadder fragt em, de ole Mann seggt to. De lütte Jung ward döfft. De ole Mann schenkt de Familie de Kauh. Nu is de Noot nich mehr so groot.

De Pate gifft den Jung dat lütte Kalf as Geschenk.

Un noch wat Afsünnerlichs: Dat Kalf weer an'n sülbigen Dag op de Welt kamen as de Jung. Un – muttst di wunnern: Dat lütte Kalf hett op sien Vörkopp en gülden Steern.

Mit de Tiet is dat Kalf grötter un grötter wurn. En groten, utwussen Stier. Bannig stark is de west.

Na ja, de Jung is ja ok wussen. Jeedeen Dag geiht nu de Jung mit sien Stier op de Weid. Hoch baven op en Barg. De Jung töövt dor ünner en Boom, meisttiets slöppt he in. Man de Stier, de löppt noch höger rop. Höger un höger, bit na den Heven hen. Dor op en Wisch fritt he den helen Dag gülden Steernblomen. In de Schummertiet kummt he wedder trüch. Un den gaht de twee fideel na Huus hen.

So vergeiht de Tiet, un de Jung is nu en Mannsbild.

Een Dag, do seggt de Stier to em: „Hör to! Sett di twüschen mien Höörn. Ik bring di nöög ran an dat Slott. Dor seggst du den Keunig, du wullt sien Dochter vun den Draken befreen. De Keunig schall di dat söven Ellen lange iesern Sweert geven."

Süh! So maakt se dat denn ok. De Keunig is inverstahn. Also maakt de beiden sik op 'n Padd.

Dat Drakenslott is wiet weg. De Draken hett twölf Köpp, seggt se. Enkelte Mannslüüd hebbt dat al probeert. Man keeneen vun jem is wedder trüchkamen.

Un dat is noch nich allens: Op den Weg dorhen gifft dat rische, hoge Bargen. Nüms kümmt dor över weg. De Stier steiht dor un schüttkoppt. He seggt: „Stieg man af un töööv en beten!"

De Stier nimmt Anloop un schufft mit Kopp un Höörn de Bargen weg.

Nu köönt se wiedertrecken. Dat duurt nich lang, dor is vörut en groot, unbannig Water. De Bursch will wedder trüch.

De Stier seggt: „Hool di goot fast!" Denn duukt he sien Kopp na ünnen, un süppt, un süppt dat hele Water weg. Allens rundüm is nu dröög.

Na ja! De Reis is noch nich toend.

In de Feern köönt se al dat Drakenslott sehn. Üm dat Slott ümto is överall Füür. De Luft is füürroot, un en bannige Hitt liggt in de Luft.

Tja! Wat nu?!

De Stier löppt dor hen. Nöög ran an dat Slott. Un denn, dat is kuum to glöven: He speet all dat Water, dat he drunken hett, op dat Füür rop. Dat sirst un rökert. Dat Füür geiht ut.

Ach du leve Tiet! Ut all den Qualm un Rook kummt de Draken rut. He fuucht un speet Füür ut all sien twölf Köpp. De Stier kiekt den Jung an. „Nu büst du an de Reeg!" De Jung grippt sik dat söven Ellen lange Sweert. Maakt sik so groot as he kann un haut den Draken all sien Köpp af.

Süh! Nu snackt de Stier en letzt Mal to em: „Du bruukst mi nu nich mehr. Gah man rin in dat Drakenslott. Haal de Keunigsdochter dor rut."

De Keunigsdochter hett sik bannig freit. Tosamen hebbt sik de beiden op 'n Padd na Huus maakt. Dor hett sik ok de Keunig freit. Un wat noch? Na klor doch, de beiden hebbt heiraadt!

Un de Stier?!

De is wiet weg lopen. Na den Heven rop. Op de Weid mit de gülden Steernblomen.

Ik segg jo, wenn in de Nacht de Heven klar is, denn köönt ji den Stier dor baven stahn sehn.

# Mudder, bring dat Water!

*ut Ostpreußen*

En Buur hett sien Hoff blangen en groten Woold hatt. Nu wöör dat Harvsttiet, un de Buur wull en Swien slachten. He söch all sien Warktüüg tosamen. Doch wat nu? De Trog weer toschannen. De Buur wull en niegen timmern. He bruuk den Trog, dat Swien aftobröhen. He laad sien Warktüüg op en Koor un wull domit in'n Woold. Vördem sä he to sien Fru, se schull man al dat Bröhwater trechtmaken. As he in'n Woold is, haut he en Boom üm. Do saagt un timmert he sik en Trog vun. De Buur is gau fardig.

Süh, wat is nu?! De Buur verfehrt sik bannig: En Wulf kummt antolopen. De Buur smitt sien Trog üm un krüppt dor ünner.

De Wulf dinkt, dat is en Boomstamm. He sett sik baven rop. Dat duurt nich lang, do kummt en Voss dorto. Un denn, ji kööont dat glöven un ok nich, do kummt en Haas anhoppelt. To allerletzt keem noch en lütten Katteker.

De veer Deerten sitt dor un vertellt sik wat. De Buur ünner sien Trog hört to. De Katteker seggt, he wull sik en Pott vull Honnig halen. De steiht bi'n Schoolmeester op sien Dackböön.

De Haas hett ok wat. He will in den Förster sien Goorn en Kohlkopp klauen. Nu de Voss: He weet, bi en Buursfru gifft dat söven Göös. De sünd nu sien.

Opletzt de Wulf: „Bi den Buurnhoff hier an'n Woold gifft dat en groot, fett Swien. Dat haal ik mi."

De veer Deerten maakt sik op den Padd, se wüllt klauen gahn. De Buur ünner sien Trog hett allens mitkregen. He krüppt ünner rut un lööpt as dull. He weet ja den Weg. To Huus seggt he to sien Fru:
„Wenn ik roop: ‚Mudder, bring dat Water', denn kaam man fix!"
De Buur maakt de Stalldöör en lütt beten op. He verstickt sik dor achter. Nu kummt de Wulf: „Aha, Döör is apen, man gau rin!"
De Doör geiht wedder fast to. Den Wulf ward dat snaaksch. Een röppt: „Mudder, bring dat Water!"
De Döör geiht nu en beten op. De Wulf hett dat Swien vergeten. De Buur steiht buten un schütt em en Pott mit heet Water över 't Fell. De Wulf huult luut. Un af na den Woold. De Buur wedder achterran. He is toeerst bi sien Trog, un gau dor ünner. Süh. Wat meent ji woll, wat kümmt nu?!
Eerst kümmt de Katteker. He sleept en groten Pott vull Honnig. Achterran de Haas. He hett twee Kohlköpp bi sik. Un nu de Voss. Is dat en Krakeel! All de söven Goös tosamenbunnen!
Blots de Wulf is noch nich dor. Se töövt noch en beten.
Un denn kümmt he. Oh, wat süht he elennig ut. He humpelt op siene Achterbeen. Sien Fell is afbröht. Mitbröcht hett he nix. Nu ward vertellt. De Buur ünner sien Trog höört to. Wat harn se all beleevt! De lütte Katteker vertellt; he is bi den Schoolmeester op sien Dackböön goot ropkamen. Man dor seet jümmerto de grote Kater. De wull em nich ranlaten an den Honnigpott. Aver de Katteker weer de

gauste. De Haas mit siene twee Kohlkööpp vertellt: In den Förster sien Goorn dee en groten Hund rümlopen. De hett em avers nich tofaten kregen.
Na, un de Voss hett dat ok nich licht hatt. De söven Göös hebbt so luut snatert. Do is de Buursfru mit en Knüppel kamen. He hett mit all de Göös gau lopen müsst.
„Ach un Au." De Wulf is an'n Jammern. „Allens is scheef lopen, de Stalldoör weer apen. Ik glieks rin. Do geiht de Döör to. Dorna geiht se wedder op. Denn röppt een: ‚Mudder, bring dat Water!' Ik nix as rut. Un denn steiht buten een, de schütt mi en ganzen Pott vull heet Water över mien Fell."
De Wulf huult un jammert wedder luut. „Ik wohrschoo jo. Wenn ji höört, dat do een schreet: ‚Mudder, bring dat Water', denn loopt man gau wiet weg."
Dat hett nu de Buur ünner sien Trog allens höört.
Un nu hett he en Infall. He röppt ganz luut: „Mudder, bring dat Water!"
De veer Deerten verfehrt sik. Se laat all ehr Saken liggen, un loopt so gau weg, as de Wind suust.
Wat maakt de Buur? He smitt sien Trog üm un krüppt wedder dor ünner rut. Denn packt he all de scheunen Saken op siene Koor. Toeerst den Trog un sien Warktüüg. Denn den Honnig un de Kohlköpp, un de söven Göös bünn he achtern an.
So kümmt de Buur to Huus an. De Buursfru freit sik.
Un an'n Sünndagmiddag gifft dat Göösbraden un Smoorkohl to eten. Achterran Plummen mit Honnig.
Wat meent ji woll, hett dat goot smeckt?!

# De Wunnervagel Kaschka

*ut Tadschikistan*

Dat is al en lange Tiet her, do hett dat mal en armen, olen Fischersmann geven. He leev mit sien Fru in en lütt Dörp. Elkeen Morgen, vör Dau un Dag, güng de ole Fischer na de Beek hen. Do seet he denn den helen Dag un angel. Veel hett he nie nich fungen. En poor lütte, kröpelige Fisch. An'n Avend löppt de Fischer mit sien Fang man gau noch na'n Markt hen. Dor verköfft he de Fisch. Do gifft dat man blots en poor Penns för. Na ja, dat langt al för en beten Broot, för em un siene Fru. Dat weer man en mickerig Leven.

An een Dag sitt de Fischer wedder an de Beek un angelt. Dor kümmt en Vagel antoflegen. En Vagel so groot, so bunt un scheun, as ik noch nie nich een sehn heff.

De Vagel sett sik op en hogen, groten Boom. Vun dor baven kiekt he to, wat woll de Fischersmann maakt.

Dat weer nich bloots so 'n eenfachen Vagel. Nee, dat weer de Wunnervagel Kaschka!

An düssen Dag har de ole Fischer bit nu noch nix fungen. Na doch: En heel lütten, magern Fisch. De Dag güng al meist to End.

De Wunnervagel kiekt sik dat an. Un nu snackt de Vagel un seggt to den Fischer:

„Nu segg doch mal, wat kunn en so olen Fischer as du mit so en lütten Fisch anfangen?" De Fischer kiekt na baven hen: „Och, den verkööp ik morgen freuh op den Markt.

Villicht gifft dat je een, twee oder dree Penns dorför."
Nu snackt de Vagel wedder: „Dat duurt mi, ik will di hölpen. Gah man na Huus hen. Du schallst keen Noot mehr heben."
De Fischer dinkt: „Dat is jo afsünnerlich."
To Huus vertellt he sien Fru nix dorvun. He har dat allens sülvst nich glöövt. De Wunnervagel Kaschka wull em hölpen?!
In de tokamen Nacht hööրt de Fischer un sien Fru: Dor klappert watt an'n Finster! Se kiekt na. Dat is de Wunnervagel Kaschka west, he hett jem en groden, fienen Fisch bröcht. Oh, wat hebbt se sik freit!
Glieks in de Fröh dröög de Fischer den groden Fisch na 'n Markt hen.
Bannig vele Dalers hett he dorför kregen.
So güng dat nu jeedeen Nacht un jeedeen Dag. De Wunnervagel bröch den Fisch, een scheuner as de anner. De ole Fischer verköff den Fisch op 'n Markt. So mit de Tiet sünd de beiden olen Lüüd riek wurn. Do hebbt se sik en groot Huus boon laten, ut Tegelsteen, mit Finstern ut Glas.
Bannig kommodig weer dat allens. Een Finster hebbt se jümmers bi Nacht apen laten. Un jümmer weer dor an'n Morgen en groten Fisch op de Finsterbank.
Na ja, so har dat blieven köönt, wenn nich – – – .
Also – – – !
An een Dag sitt de Fischersmann al wedder op den Marktplatz.

Da kümmt en Utroper vun'n Keunig dor langs. De röppt ganz luut:
„Keen kann seggen, woneem wi den Wunnervagel Kaschka finnt? De schall en grote Belohnung kriegen! Dat halve Keunigriek un de Prinzessin överto!"
De Fischer springt op, denn sett he sik wedder daal. „Nee, verraden dröff ik den Wunnervagel nich! He hett us bannig veel holpen. Man – villicht will de Keunig em jo gor nich an de Feddern."
He steiht wedder op. He sett sik wedder daal.
„Liekers, dat halve Keunigriek?!" He steiht wedder op.
„Ne, dor laat ik de Hannen vun. En goden Fründ verraat een afsluut nich." De Fischer sett sik wedder daal.
Den Keunig sien Utroper kiekt na den Fischer hen.
„De ole Kierl, de weet doch wat?!" He grippt sik den Fischersmann un sleppt em glieks na'n Keunig hen. De Keunig is to em afsünnerlich fründlich. „Fischer, du schallst mi hölpen. Al vele Johren kann ik nich mehr goot kieken. Dorüm bruuk ik dat Bloot vun den Wunnervagel, denn ward dat beter. Nu, Ool, segg man gau, woneem is de Wunnervagel?"
De Fischer is luukohrig wurn. Toeerst wiest he den Keunig af.
Denn seggt he tögerig: „Jeedeen Nacht kümmt de Vagel bi us to Huus an 't Finster un – – –."
De Keunig ward hibbelig: „Fang em, bring em her!"
„Nee", seggt de Fischer, „dat is nich so licht. De Vagel is groot un bannig stark."
„Ik geev di hunnert vun miene Suldaten mit", seggt de

Keunig.
De Fischer schüttkoppt: „Nee, wi mööt us wat infallen laten."
Opletzt gifft de Keunig em veerhunnert Suldaten mit. De Suldaten schüllt den Wunnervagel fastholen un in den Palast dregen.
As se all tosamen bi dat Fischerhuus ankamen sünd, dor verstekt sik all de 400 Suldaten ünner en riesig groten Boom.
De ole Fischer rullt in'n Gras sien allerbesten Teppich ut. He stellt ok gülden Töllers op, mit ganz lecker Eten dor op.
Un nu töövt se all. Dat ward Nacht.
De Wunnervagel Kaschka kümmt antoflegen. He sett sik ganz baven in den riesigen Boom.
De Fischer röppt na den Vagel rop: „Leve Vagel Kaschka, du hest al so veel for mi daan. Hüüt schallst du mal mien Gast ween."
De Vagel dinkt: „Dat is doch snaaksch. Miteens is de Ole dankbor?! Ik schall mi woll vörsehn. Op de anner Siet – so ´n olen Mann, de is doch al teemlich klapperig."
Nu flüggt de Vagel na ünnen un sett sik op den Teppich. He wull dat Eten mal proberen.
Süh! Un nu is 't to laat!
De ole Fischer smitt sik över den Vagel. He grippt em bi de Fööt. He röppt ganz luut: „Gau, kaamt all tosamen, ik heff em tofaten!"
De 400 Suldaten störmen ünner den Boom rut.
Liekers – de Wunnervagel breet sien groote Flünken ut un

flüggt op.
„Helpt mi! Helpt mi!“ schreet de Fischer. De Fischer höllt sik an den Vagel fast, so fast as dat geiht.
Nu kummt gau en Suldat antolopen. De kriggt de Fööt vun den Fischer jüst so tofaten. De Vagel is nu al in de Luft. Dor grippt de twete Suldat de Fööt vun den eersten. Nu is al de drütte dor. He grippt den tweten sien Fööt. De veerte höllt sik an den drütten fast. De föffte bi den veerten. Un so geiht dat wieder, bit opletzt all de Suldaten sik een an den annern fasthoolt.
Dat mutt 'n sik mal vörstellen!
De ole Fischer un all de 400 Suldaten vun'n Keunig hüngen as en lange Keed ünner den Vagel Kaschka.
Un wat maakt de Wunnervagel?!
He flüggt un flüggt, as weer dat gornix. He flüggt höger un höger, bit in de Wulken rin. Sogor noch an'n Maand vorbi. Nüms weet wohen.
Jo – wenn, wenn de Fischer nich na ünnen keken har. Dor hett he de Eer nich mehr sehn. Oh, watt hett he sik dor verfehrt!
Dor ward em swiemelig, dat ward em swart vör de Ogen. Jo, un denn?! Denn lett he de Fööt vun den Vagel los, un denn fallt un fallt he, jümmer deper. All de 400 Suldaten vun'n Keunig fallt mit em. Se fallt un se fallt. Nüms weet wohen. Ik glööv, se fallt hüüt jümmers noch.

# De Heven, de Maand un dat Meer

*ut Grekenland*

In de olen Tieden, do weer de Heven ganz dicht bi de Eer. So dicht bi, dat dat Rindveh an'n Heven licken kunn. En lange Tiet hett dat gootgahn. Avers denn!

Dor keem en Minsch do langs. Ik segg jo: een vun de verdreihtsten. Wat wull he maken? Is meist nich to glöven! He faat mit sien Hannen in de Kauhschiet rin un smeet de na den Heven rop. Bit na den Maand hen. Weer ja nich wiet.

De Schiet is an'n Maand backen bleven. Dat köönt ji hüüt noch sehn.

Dat weer den Heven towedder. Nee, sowat aver ok! De Heven weer bannig vergrellt.

He sä to dat Meer: „Geev mi Hööchde, denn schallst du vun mi Deepde hebben."

To de Tiet weer dat Meer man bloots flach. De Lüüd güngen dor in spazeren.

Nu kreeg de Heven vun't Meer wat an Hööchde. Un dat Meer hett Deepde vun den Heven kregen. Un ji mööt weten: Siet de Tiet sünd Eer un Heven bannig wiet vunenanner af.

Ok de Maand hüng nu ganz wiet baven. Nüms kunn em mehr mit Kauhschiet ansmieten. Bit hüüt noch nich!

# De Prinzessin in dat Muusfell

*na Grimm*

En olen Keunig har dree Döchter. An een Dag wull de Keunig weten, welkeen vun siene Döchter em an'n leevsten hett. He röppt jem tosamen un fraagt jem. De öllst seggt: „Vadder, ik heff di mehr leev as dat hele Keunigriek!" De twete Dochter seggt: Ik heff di lever as all de Eddelsteens un Parlen op de Welt!"

De jüngst, de ehren Vadder an'n leevsten hett, seggt: „Vadder, ik heff di noch veel mehr leev as dat Solt!"

As dat Solt!?

Dor is de Keunig fuchtig wurn: „Du verdreihte Deern! Du vergliekst dien Leevde mit dat Solt. Mit so 'n nixhaftigen Kraam!"

De ole Keunig lett en Dener kamen: „Bring düsse Dochter in 'n Woold, dor schall se starven. Ik will ehr nie nich wedder sehn!"

In'n düüstern Woold ankamen, seggt de Prinzessin, de Dener schull ehr en Kleed halen. Dat müss vun Muusfell ween.

De Dener bringt ehr dat. De Prinzessin treckt sik dat Muusfellkleed an, un denn geiht se weg. Nu is se alleen in den groten, düüstern Woold.

Se löppt, un se löppt. Opletzt kümmt se in dat Naverkeunigriek an.

Dor an'n Keunigshoff vertellt se denn, dat se en Kierl is.

De junge Keunig schull ehr man in'n Deenst nehmen.

„Jo“, seggt de, „dat geiht.“ De Prinzessin mutt em nu jümmers bedenen.
Bavento mutt Muusfell – so ward se dor nu nöömt – em elkmal an'n Avend de Stevels uttrecken.
Un wat maakt denn de Keunig?!
He smitt ehr de Stevels mehrstens an 'n Kopp. – Nee aber ok!
Eenmol, dor fraagt he ehr: „Woneem kümmst du her?“
Un se antert: „Ut düt Land, wo de Lüüd een de Stevels nich an 'n Kopp smieten doot.“
Do weer den Keunig sünnerlich tomoot.
An een Morgen, dor bröch en Dener en Ring an.
De Lüüd seggt, dat de Kierl mit dat Muusfell den Ring verloren hett.
„Den Ring mutt he klaut hebben. Dat is en Weertstück.“
De Keunig röppt na Muusfell: „Wo is düsse Ring her?“
Jo, un nu ?!
De Prinzessin kunn sik nich mehr versteken. Se treckt ehr Muusfell ut. De junge Keunig is baff, so scheun is de Prinzessin. Se hett gülden Hoor, so lang, bit op den Footbodden. Op de Welt hett he noch nix Scheuners sehn.
Op'n Stutz nimmt he sien Kroon vun'n Kopp un sett ehr de op:
„Nu büst du miene Keunigin.“
För de Hochtietsfieer ward ok de ole Vadder vun Muusfell inlaadt.
De ole Keunig hett doch all de Tiet glöövt, sien jüngst Dochter is al lang doot. As he in den Saal rinkummt, kennt he ehr nich wedder.

Dat grote Festeten is al in Gang. Liekers – dat Eten smeckt den olen Keunig nich. He hett allens ahn Solt kregen.
He is al wedder mal inne Brass: „Dat will ik nich eten! Wat schall dat? Lever much ik dootblieven, as allens ahn Solt eten!"
Bit to hett de junge Keunigin nix seggt. De hele Saal swiggt still.
Dor seggt de junge Keunigin: „Jüst nu wullt du nich ahn Solt an'n Leven blieven? Un vör Johr un Dag wullst du mi starven laten, as ik seggt heff: „Vadder, ik heff di veel mehr leev as dat Solt."
Nu weer de ole Keunig wiss: Dat is sien jüngst Dochter. He hett bi ehr afbeden.
He wull keen Keunigriek un keen Eddelsteens un Parlen mehr. He freit sik över de Maten: He hett sien jüngst Dochter wedderfunnen!

# De Draken Gorynytsch

*ut Russland*

Vör en lange Tiet leev dor mal en Wittfru. Se wöör Timofeja nöömt. Se hett een Söhn hatt. Dat weer Dobrynja. He is dapper un klook west. All de Lüüd in'n Land wüssen dat. Dobrynja kunn ok lesen und schrieven. Un singen kunn he, dorto speel he op siene Gusli.

An en Sommerdag, bannig hitt is dat west, snackt he mit sien Moder: „Och Moder, hüüt bün ik mööd un maddelig vun all de Hitt. Ik saddel mien Peerd un ried na den Putschai-Stroom hen. In den sien Water will ik mi afköhlen."

Timofeja verfehrt sik: „Oh, mien Söhn, ried nich dorhen, de Putschai is en unbannig, böös Water! Sien eerste Bülg speet Füür. Sien twete Bülg spütt Funken. Un ut de drütte Bülg stiggt Rook op."

„Leve Modder, ik will op di hören. Ik ried bloots an'n Över lang, dor is de Luft ok frisch un köhlig." Timofeja nickköppt: „Ik geev di mien Segen." Dobrynja sett sik den Helm op sien Kopp, binnt dat Sweert üm, nimmt de Lanz, Piel un Bagen. Denn ridd he dorvun.

He is Stünn üm Stünn ünnerwegens, de Sünn brennt hitt vun'n Heven daal. Un nu kümmt dat, wo sien Moder em vör wohrschoot har.

Dobrynja stiggt vun sien Peerd rünner, nimmt all siene Waffen af un springt in den Putschai rin. He swemmt un is goot toweeg.

Miteens ward de Heven düüster, de Dunner grullt, de

Blitzen tuckt un överall sünd Flammen. Nu süht Dobrynja em: den Draken Gorynytsch! Wat is dat grulich! De Draken hett dree Köpp, dorto söven Steerten. Ut all sien Köpp speet he Füür rut. Dorto kümmt noch ut sien Ohren swarten Rook. De hele Luft stinkt as Swävel. De Draken schreet mit sien gräsige Stimm: „Ha! De Olen hebbt mi seggt, ik wöör den starken Dobrynja daaldwingen. Süh, nu is dat sowiet. Schall ik di glieks freten oder vörher noch in mien Höhl slepen?!" Dobrynja hett de Roh weg. He dükert deep in dat Water rin. He will an dat Över, na sien Peerd hen. Man dat Peerd is weglopen. Wat nu?

All de Waffen sünd verswunnen. He is jüst ahn Hülp un Stütt. De Draken kümmt dichter bi. Sien Füür brennt op Dobrynja sien Huut.

Miteens finnt he sien Helm in'n Översand. He packt den Helm prall vull mit Sand, denn haalt he ut un haut dormit den Draken een vun sien Köpp af. De Draken fallt üm. Dobrynja wull em ok de annern Köpp afslaan. Do fangt de Draken to jammern an. He bedelt un bedelt: „Laat mi an'n Leven blieven. Ik maak allens, wat du wullt. Ik war nie nich wedder över dat Land flegen un Minschen weghalen."

Dobrynja duurt de Draken, he glöövt em allens un deit em nix mehr an.

Forts is de Draken wedder in de Luft.

Wat Dobrynja nu nich weten kunn: De Draken flüggt stracks na den Palast vun den Keunig hen. Jüst nu geiht de Keunigin in'n Goorn spazeern. De Draken stört op ehr hendaal, grippt ehr mit sien grote Klauen un flüggt weg.

Dobrynja hett al sien Peerd wedderfunnen. He treckt

sien Kledaasch an un siene Waffen dorto. Miteens ward de Heven düüster. De Donner grullt, de Blitzen tuckt, un allerwegens sünd Flammen.
Dobrynja kiekt na baven. De Draken Gorynytsch! Un wat süht he dor? De Draken höllt de scheune Keunigin fast in siene Krallen!
Dobrynja ridd trurig na Huus trüch. Siene Moder Timofeja hett em kamen sehn: „Worüm büst du so benaut? Wat is di tostött?", fraagt se em.
„Och Moder, ik heff veel Swoors beleevt. Noch hüüt will ik na den Keunig hen." Timofeja ward dat Hart swoor, man ehr Söhn höört nich op dat, wat siene Moder seggt.
Bi den Keunig ankamen, süht dat ut na en Fest. Avers keen vun de Gäst is an'n Eten oder Drinken. All tosamen sitt se bedröbbelt dor.
De Keunig steiht op: „De Draken hett de Keunigin haalt. All de Lüüd hier sünd trurig. Keen vun jo maakt sik op den Weg na den Draken sien Höhl? Keen bringt mi de Keunigin wedder trüch?" All de groten Ridders dükert ehr Köpp weg, nüms mellt sik. Do ward de Keunig fuchtig. He kiekt Dobrynja an: „Nehm dien Peerd, maak di op den Weg in de Bargen. Bring mi de Keunigin!"
Dobrynja seggt keeneen Woort. He ridd na Huus. Timofeja verjaagt sik, as se em süht: „Mien Söhn, keen hett di wat andoon?" – „Och Moder, de Keunig hett mi befohlen, ik schull de Keunigin befreen. Wat schall ik doon?"
Timofeja maakt em Moot. „Gah in de Puuch, mien Söhn. In de Fröh süht allens anners ut." De Moder geiht nich na Bett. Se is de hele Nacht an'n Arbeiden. An'n Morgen

hett se en Pietsch fardig. En Pietsch ut söven verscheden Sieden. Dobrynja hett utslapen. Sien Moder gifft em de Pietsch: „Mien Söhn, höör mi to. Wenn du in de Bargen de Drakenhöhl funnen hest, denn pass up. De hele Drakensipp geiht beestig op di loos. Man knallst du mit düsse Pietsch, denn ward dien Peerd de Drakens mit siene Hööf tweipedden."

So is dat ok kamen. Dobrynja geiht an de Höhl ran, dor ward de Heven düüster. De Draken kummt antoflegen. Ut siene Krallen sprüttert Füür: „Ik war di freten, ok de Keunigin!" Dobrynja kümmt in Raasch. He stört sik op den Draken. Un nu kümmt en Kampf op, as dat in de Welt noch keen geven hett. Dat Gras treckt sik in de Eer trüch. De Eekbööm laat bloots noch ehre Wötteln stahn. De Bargen sünd an'n Bevern. Dree Daag un dree Nachten duurt düsse Kampf al. Dobrynja hett keen Kraft mehr. He dinkt: „Oh Moder, help mi!" Jüst nu dinkt he an de Pietsch, de Pietsch ut söven verscheden Sieden. He nimmt de Pietsch in beide Hannen un sleit den Draken siene Köpp af.

Dor gifft dat en Eerbeven, un de gruliche Draken Gorynytsch verswinnt in en grote Kuhl.

Dobrynja geiht in de Drakenhöhl. Doch wat is dat?! Dor is een Höhl an de anner. Jeedeen hett en Door mit iesern Riegels. Us Held sleit all de Slötter twei. Vele Minschen sünd nu wedder free. Se freit sik: „Dank di Dobrynja, Dank ok!" In de letzt Höhl finnt he de Keunigin. Se is mit gülden Keden an de Wand smeden. Dobrynja nimmt sien letzte Kraft tosamen un ritt de Keden af. Nix as rut ut düssen gräsigen Oort. He sett de Keunigin mit op sien Peerd. De

Sünn is al an'n Ünnergahn. Se ried trüch na den Keunig hen. Dobrynja is tofreden un froh: He hett de Keunigin befreet.

# Dat Börstenkind

*ut Sachsen*

Eenmal is dat west, oder ok nich. En Keunigin hett in ehren Goorn seten, op't leefst ünner den Linnenboom. An een Dag sitt se dor un schellt sik en Appel.

Ünner de Bank speelt ehr lütte Söhn. De will ok wat vun den Appel afhebben. Nee, sien Mudder gifft em nix. Nu kleit de Jung de Appelschellen tohoop un itt dorvun. De Keunigin ward fuchtig.

Se schimpt: „Dat du doch to'n Farken warst!" Kuum hett se 't seggt, forts is dat so. De lütte Prinz hett nu veer Been un en Ringelsteert. He quiekt un quiekt, denn löppt he weg.

Dicht bi en Woold steiht en lütt Huus. Dor binnen leevt en Mann un sien Fru. An een Avend sitt se tosamen op en Bank buten vör de Döör. Jüst nu kümmt dat lüttje Farken antolopen.

Dat Farken wackel un dreihoors üm de beiden rüm. Dat wull nich wedder weg.

Kinner harn se nich. So hebbt de beiden Lüüd sik freit, dat dor nu noch een bi jem weer.

Se hebbt sik bannig üm dat lütte Farken scheert. An'n Morgen wöör dat Farken rutlaten, an'n Aven wedder rin in 't Huus. Afsünnerlich is west: Dat Farken kunn snacken, jüst so as de Minschen ok. Also hett et jümmers vertellt, wat et so beleevt har.

De Tiet löppt wieder. Ut dat lütte Farken is en groot

Äverswien wurn.
An een Avend sitt se wedder tohoop. De Mann vertellt, de Keunig will sien Dochter verheiraden. Man de Frie'er mutt vörweg dree Opgaven lösen. Noch hett dat keeneen schafft.
Dat Börstenkind hett goot tohöört: „Vadder, gah mit mi na den Keunig hen. Ik will sien Dochter as Fru." De Vadder is baff: „Dat geiht doch nich. Wat ward de Keunig maken, wenn he di to sehn kriggt?"
De Börstensöhn lett dor nich vun af. Opletzt hett de Mann nageven.
Tosamen maakt se sik op den Padd. Se sünd vele Daag lang an'n Wannern. Wiet is de Weg na de Keunigsstadt. Bit an dat Slott sünd se rankamen, man de Wachlüüd wullen jem nich dörch dat Door laten.
De Äver hett sik denn aver allerwegens dörchschaven. Vör de Döör na'n Keunig hen töövt he denn.
De Vadder dörf rin. He hett bannig bevert, denn seggt he: „Herr Keunig, mien Söhn will de Prinzessin heiraden."
Miteens geiht de Döör op, mit Grienen kümmt de Äver rin.
„Wat is dat?!", schreet de Keunig. „Is dat dien Söhn?" „Wachlüüd! Rut mit de beiden! Un af mit jem in den Kerker hendaal!"
Süh, dor seten se nu. De Mann hett jammert: „Dat hebbt wi nu dorvun. Wat maakt wi nu?" De Börstensöhn har de Roh weg: „Vadder, ik weet, dat kümmt allens in de Reeg."
An'n annern Dag hett de Keunig nadacht: „Dat Äverswien kunn dat versöken, de dree Opgaven kloortokriegen."

De Börstensöhn freit sik: „Vadder nu hebbt wi al wunnen."
An'n sülvigen Avend kümmt de eerste Opgaav. De Befehl is: Över Nacht schall dat Slott schier ut Sülver warn. De Klockentiet is twölf.
Dor is överall en Gnirschen un Krachen. Miteens is dat wedder still.
As de Sünn opgeiht, is de Keunig baff, allens is ut Sülver.
„Süh", meent de Keunig, „dat hett he also schafft."
De twete Ofgaav is: Nipp un nau söven Mielen vun dit Slott af schall en anner Slott hen, heel ut Gold.
Nu dat glieke. Dat gnirscht un dat kracht. Miteens is dat wedder still.
An'n Morgen kiekt de Keunig ut sien Finster. Wat süht he dor? En gülden Slott akraat söven Mielen af vun em sien.
„Ha!", schreet de Keunig, „Tööv man af, de drütte Opgav kriggst du nich hen."
An'n drütten Avend befehlt die Keunig, an'n nächsten Morgen schull dor en Brüch stahn. En Brüch vun een Slott na dat anner hen. Un allens ut Eddelsteens. In de Nacht wedder datsülvige, dat ramentert, dat gnirscht un kracht as dull. Denn is allens musenstill.
De Keunig is waak wurn. He wunnert sik: „Is doch noch vör Dau un Dag!?"
Allens is hell un licht. De Keunig geiht an 't Finster ran. Is nich to faten! De Brüch is dor, wunnerscheun.
He röppt sien Dochter: „Kiek di dat an, he hett de dree Opgaven lööst. Nu muttst du em heiraden." – „Ja", seggt de Keunigsdochter, „toseggt is toseggt."
De Keunigin seggt: „Gresig, gresig! Mien Dochter un dat

Äwerswien. Wat schall nu blots warn?"
De Keunig lett den Mann un sien Börstensöhn ut den Kerker halen.
Denn ward Hochtiet fiert. Hööglich is dat nich west.
De ole Vadder hett Afscheed nahmen. Mit vele Gaven is he na sien Fru trüchwannert.
An'n Avend geiht dat Bruutpoor in sien Kamer. De Keunigsdochter is an'n Bevern. As de Kamerdöör tau is, gifft dat wat Afsünnerlichs: De Äver lett sien Börstenkleed fallen, un dor steiht en Bursch in scheune Gestalt mit gülden Hoor. De Keunigsdochter föhlt nu keen Bang mehr. De Bursch vertellt ehr nu, woans allens kamen is; he is ok en Keunigskind. Se is nu siene Fru, un keeneen dörf dorvun weten. Se schall man töven op sien Erlösen.
As de Dag kümmt, ward de Prinz wedder to'n Äverswien, grunzt un löppt na buten. De Keunigin is bang üm ehr Dochter. Süh, un dorüm vertellt ehr Dochter ehr vun dat Börstenkleed.
De Mudder haalt deep Luft: „Dat mutt in 't Füür." So maakt se dat, un dat Börstenkleed is weg. Annern Morgen kann de Prinz dat nich mehr finnen, un he söcht un söcht. Trurig kiekt he siene Fru an: „Nu is allens vergevens west. Ik mutt nu weggahn, wiet weg. Na dat End vun de Welt, un nüms kann mi dor weghalen."
Op'n Stutz is he weg. De Jammer weer nu unbannig groot. Keen Tospruch weer goot för de Keunigsdochter. Enige Daag later hett se denn beslaten, se wull ehren Mann söken. Söven Kleder, söven Poor Schoh un en Sack vull Broot packt se in.

„Leve Öllern, ik gah nu na dat End vun de Welt. Adjüs!"
Op ehren Weg keem se an en Huus. Dor hett de Wind wahnt: „Leve Wind, segg mi, woneem find ik dat End vun de Welt?"
De Wind antert: „Ik weet dat nich. Man ik geev di mien Flünkenpeerd. Dat Peerd bringt di na den Maand hen."
De Maand hett dat ok nich wusst. He seggt: „Du schallst mien Peerd hebben un na de Sünn rieden. Fraag de Sünn. Ik schenk di noch en Nutt ut Sülver. Mach ween, düsse Nutt bringt di Hölp."
An'n Avend kümmt de Keunigsdochter bi de Sünn an. „Ik bitt di, segg mi, woneem is dat End vun de Welt?" De Sünn antert: „Dien Kummer duurt mi. Fohr mit mienen Sünnenwagen na de Steerns hen. De Avendsteern ward di den Weg wiesen. Ik schenk di en Nutt ut Sünnengold. Du warst ehr bruken."
De Avendsteern hett sien Huus an en Meer hatt. Vun dor weer en Eiland to sehn. De Avendsteern sä: „Ik bring di dor röver. In dat Slott finnst du dien Leevsten. De Keunigin vun´t Weltend will morgen mit em Hochtiet holen. Nehm düsse Nutt mit, se is ut dat Glinstern vun de Steerns."
De Avendsteern schippert de Keunigsdochter över dat Meer.
Op dat Eiland steiht en grote Keunigsborg. De Keunigsdochter geiht an dat iesern Door ran. Se knippt de Nutt vun'n Maand op. En maandsülvern Kleed is dor binnen. Se treckt et gau an. Allens is an't Lüchten.
De Keunigin vun't Weltend süht dat: „Dat Kleed müch ik för mien Hochtiet hebben!" De Keunigsdochter gifft ehr

dat Kleed. Man dorför will se en hele Nacht bi den Prinzen in de Slaapstuuv sitten. „Inverstahn", seggt de Keunigin. Süh! Un nu sitt de Keunigsdochter dor an ehren Leevsten sien Bett. Se vertellt un vertellt vun allens, wat se beleevt hett op ehr wiede Reis. „Ik bünn di nagahn bit an dit End vun de Welt. Söven Kleder un söven Poor Schoh heff ik tweilopen. Leve Mann, hòör mi to: Ik bün in Noot. En Kind vun us beiden dreeg ik ünner mien Hart." Se weent un jammert. Helpt allens nix. De Prinz is an't Slapen, siene Ohren sünd to. He röögt sik nich.

As de Morgen kamen is, ward de Keunigsdochter vör dat Door rutjagt.

Se is vertwievelt. Gau maakt se de Nutt vun de Sünn op. Dor is en Kleed ut Sünnengold binnen. Se treckt dat an, un ümlangsher is dat Weltend sünnengülden. Nu wull de Keunigin ok dit Kleed hebben, för een Nacht an dat Bett vun ehren Brögam.

Un wedder is dat so kamen as in de verleden Nacht.

An'n Morgen steiht de Keunigsdochter vör dat Slottdoor un weent.

Se knackt de drütte Nutt, de Gaav vun den Avendsteern.

As se dat Kleed antreckt, is allens wunnerscheun.

De Keunigin vun't Weltend hett al en Jieper dorna.

Al dat drütte Maal sitt de Keunigsdochter nu bi ehren Prinzen an't Bett un klaagt; mal luut, mal liesen.

Dor, miteens, fallt wat bi den Prinzen ut de Ohren rut.

He waakt op: „Wat is passert? Keen weent? Keen röppt mi?"

He kiekt sik üm. Dor sitt sien Fru. „Du büst kamen, du büst

bi mi!"
„Nu bün ik endlich befreet." De beid hebbt sik bannig freit.
Noch in desülvige Stünn sünd se ut de Borg flücht. De Avendsteern hett jem över dat grote Meer bröcht. „Ji schullen man hierblieven, bit de Sünn mit ehren Wagen kümmt", meen he. Se hebbt sik dor in sien Huus verhaalt.
Un, o Wunner, in de Nacht is ehr Kind boren. Dat weer en Jung. Sien Gesicht weer hell as de Maandschien, sien Hoor so gülden as de Sünn, un sien Ogen glinstern as de Steerns an'n Heven.
De Sünn hett jem mitnahmen na dat Huus vun'n Maand. De Maand bröch jem na'n Wind, un de wedder trüch na de Minschen hen.
Vun dor sünd se wiederwannert. Dorbi hett mal de een un mal de anner dat Kind dragen. De Lüüd hebbt dat sehn un wiedervertellt. Dat Volk hett överall Blomen streit un luut juuchheit.
De Prinz un de Keunigsdochter leevt nu mit ehren Söhn in dat gülden Slott.
Un as dat so is in en Märken: Se sünd Keunig un Keunigin wurn.

# As de Vigelien op de Welt kamen is

*ut Ungarn*

Up en Raat vun en gode Fee hett en Fru ut en Körbs Melk drunken. Dat hett de Tiet duurt, de jümmer dorför bruukt ward. Se hett en Söhn to Welt bröcht. De Söhn wuss un wuss, opletzt is he en smucken Jungkeerl west. Vadder un Mudder sünd old west un sturven.

He dinkt: „Wat schall ik hier noch, ik gah in de Welt rut."

He wannert dörch Dörp un Stadt. En lange Tiet weer he ünnerwegens, man sien Glück hett he nich funnen. Man denn weer dor en grote Stadt un en staatsch Slott.

Un as dat so kümmt: De Keunig söcht en Mann för sien Dochter. He hett kündig maakt, woans dat gahn schall. Egentlich wull he sien Dochter nich hergeven. Dor hett he sik wat utdacht: Bloots de Frie'er kunn de Prinzessin heiraden, de wat bringt, wat noch nie nich op de Welt west is. Dor sünd männich Jungkeerls ankamen.

Keeneen hett wat bröcht, wat den Keunig topass weer. He hett jem all wegjagen laten.

Us Jungkeerl stellt sik ok bi den Keunig vör: „Herr Keunig, ik will dien Dochter heiraden. Wat schall ik dorför doon?"

De Keunig ward fuchtig: „Wat fraagst du so dummerhaftig! De hele Welt weet, wat een dorför doon mutt. Af mit di in'n Kerker!"

Dor ünnen sitt he nu un is trurig. De Döör is fast afslaten. Miteens ward dat steernenhell. De Feenkeunigin steiht

vör em. Matuya!
„Du bruukst nich bedröövt sien. Du warst de Keunigsdochter heiraden." Se hett en lütten Holtkasten in ehr Hannen. „Hòör mi to. Nehm di en poor Hoor vun mien Kopp. Treck jem stramm över den Holtkasten." De Jungkeerl maakt allens so, as de Fee Matuya dat seggt. Opletzt gifft se em en fasten Staff.
„Hool in een Hand den Holtkasten, in de anner den Staff. Un nu striek sachten över de Hoor!"
Süh, so is dat kamen, dat de Matuya em en Vigelien schenkt hett.
Se hett ok noch in den lütten Kasten rinlacht. „Dat schall de Minschen froh maken." Se hett dor ehr Traan rinfallen laten. „Dat schall de Minschen trurig maken." De Jungkeerl hett de Feenkeunigin Matuya Dank seggt. Se is wedder verswunnen. Un he hett op de Vigelien speelt. Scheun weer de Musik. De Knechten hebbt de Döör opslaten un em na den Keunig henbröcht.
„Herr Keunig, ik heff nu wat, wat noch nie nich op de Welt west is. Ik will de Prinzessin as mien Fru!"
De Jungkeerl hett op de Vigelien speelt. All de Lüüd hebbt sik freit. De Keunigsdochter op mehrst. Süh: Mitünner is en Schuuvkoor vull Glück beter as en Wagen vull Verstand.

# Fru Holle ehr Appelgoorn

*ut Litauen*

Eenmool is dat west, denn wenn dat nich west weer, denn kunn ik jo dat hüüt nich vertellen. Dat weer in'n Goorn vun de Fru Holle. In ehren Appelgoorn. Mit de Appelbööm weer nix mehr los. De sehn ut as ole Riesbessens. Doch de scheune un kloke Fru Holle wüss, wat to doon weer.

Ünnen op de Eer leev en ole Fru. De har en Goorn mit vele scheune Appelbööm. In't Fröhjohr bleuhen de Bööm all tosamen wunnerscheun. Un in'n Harvst weren dor bannig vele Appels an.

Allens op´t allerbest. Lüchten root un geel, seut un saftig. De ole Fru hett sik jümmers üm ehren Goorn kümmert, allens weer op schick.

Nu wedder de Fru Holle; se röppt ehren Leevsten ran.

Weest nich bang: Dat weer de Junker Dood.

„Hör mi to!", sä se to em „Du riddst op dien Peerd na de Eer rünner un haalst mi düsse ole Fru hier rop. Se schall hier baven de Appelbööm bi schick holen."

De Junker Dood maakt dat so. He kloppt bi de ole Fru an de Döör: „Maak op, ik haal di af. Op düsse Eer hest du nu al lang noog levt. Mien Leevste, de Holle bruukt di in ehren Goorn. Du schallst mit mi kamen."

De Fru wull dat nich. Ehr behaag dat op de Eer. Un denn eerst in ehren Goorn.

Se kiekt den Junker an un seggt: „Pass op, wi maakt dat

so: Vördem speelt wi beid en Rund Koorten. Winnst du, kaam ik mit di. Winn ik, denn bliev ik hier."
De Junker weer inverstahn. He hett dacht: „Ha, de ole Fru! Dor winn ik licht."
Nu!, dat weer lichtfardig. Wat he nich weten dee: De ole Fru har ehr lang Leven veel Koorden speelt. Un meist jümmers mit Landsknechten. Dat heet, se kunn dat goot.
Nu geiht' los! De ole Fru mischt de Koorden. Dat Speel geiht los, un de Fru winnt. De Junker krüüs sien Stiern.
„Laat us noch eenmal spelen." Nu mischt he de Koorden. Al wedder hett de Fru wunnen.
„So", seggt de Junker, „noch eenmal to." „Goot", antert de ole Fru: „abers öber de Tahl dree gaht wi nich över weg. So is dat hier Bruuk op düsse Eer."
Wat schall ik jo seggen? De ole Fru hett al wedder wunnen! Süh, so is dat. De Junker Dood mutt nu alleen trüch na siene Leevste, de scheune un kloke Holle. Un nu passt op! Wat seggt se?! „Bring mi de ole Fru her. Eerst wenn se in mien Goorn is, laat ik di wedder in mien Bett rin."
De Tiet löppt un löppt. Dat Johr geiht to End. Et kummt de Tiet vun de twölf hilligen Nachten. För düsse Nachten gifft dat en fast Geboot. För jeedeen mutt de Huusdöör apen ween. Egaal, keen ok rin will.
So kümmt denn de Junker Dood wedder na dat Huus vun de ole Fru.
De Fru lett em rin. De Junker seggt: „Du weetst dat ja al, in düsse Nachten hett jeedeen een Wunsch free. Du kannst mi dat nich afslaan. Also kümmst du mit mi. Sett di man mit op mien Peerd. Ik bring di na Holle ehren Goorn. Kiek

di dat mal an. Is dat nix för di, denn bring ik di wedder na de Eer trüch."

Toseggt is toseggt! De ole Fru is inverstahn. Se weet dat: In de twölf Hilligen Nachten is en Verspreken twölf Mal wat weert.

Süh. So ridd de ole Fru mit den Junker rop na Fru Holle ehren Goorn.

Fru Holle ehr Riek hett en groot Door. De Junker Dood maakt so 'n beten dat Door op. „Kiek rin!", seggt he.

De Fru pliert dor so 'n beten rin. Un dor süht se de scheune Holle.

Un üm ehr rüm allens junge un scheune Fruunslüüd. Blots de Appelbööm sehen to'n Hulen ut.

„Na", meent de Junker, „gefallt di dat?"

De ole Fru süüfzt: „Jo, dat gefallt mi, dat much ik woll. Aber all de Jungen un scheunen Fruunslüüd! Un ik? Kiek mi an. Ik bün oolt un klöterig.

De Junker grient: „Jo, weetst du denn nich, wenn de Holle di anröögt, büst ok du miteens jung un scheun."

Dor kümmt de ole Fru in Raasch: „Wat seggst du dor! Dat harst mi al op de Eer seggen schullt! Un ik speel dreemal mit di Koorden!"

Un nu schallst mal sehn! De ole Fru springt rünner vun't Peerd, ielt dörch dat grode Door, rin in Fru Holles Appelgoorn.

Nu, ji schüllt dat weten.

Vun de Tiet an steiht allens op dat best in Fru Holle ehren Appelgoorn.

# De Roos för dat Leven

*ut Armenien*

Eenmal is dat so west. Ik heff dat nich sülven nich beleevt. Man so is dat vertellt wurn. En mächtigen Keunig har en groden, scheunen Goorn. In düssen Goorn geev dat ganz wat Afsünnerlichs: en groden Rosenbusch. Nöömt wöör de: de „Roos för dat Leven"!

De har en grote Töverkraft. Se geev de Minschen Moot un Toversicht.

Süh, un so is dat nich bleven. Eens Daags in 'n Summer weer de Busch wedder vull mit gröne Knubbens.

Avers denn!

An'n annern Morgen legen all de Knubbens an de Eer, bruun un dröög.

Do ward de Keunig fuchtig. So bannig fuchtig, datt he den olen, truen Goorner wegjaagt hett.

Na ja, anner Johr weer dat ok nich anners.

Un so güng dat Johr för Johr.

Jümmers wedder hett de Keunig Goorners ut all de Länner ümto haalt. Keeneen kunn de Roos helpen. De Roos för dat Leven!

Den Keunig sien Lengen wöör grötter un grötter – na de Roos, de beter rüken dee as allens op de hele Welt.

Opletzt hett de Keunig sogor en Goorner in't Kaschott sparren laten.

Dat müss sik ännern, un dat dee et ok.

Jüst nu sitt de Keunig op sien Thron. Dor kümmt en

jungen Keerl in den Saal. He verbeugt sik: „Mien Keunig, ik bün Goornersmann. Ik kenn mi ut mit all de Planten un all Blomen. Ik will de Roos wedder to'n Blöhen bringen."
De Keunig springt op: „ Swieg still! Dor will ik nix mehr vun hören, gor nix!"
De Goorner gifft nich op: „Ik war mi de gröttste Möh geven."
De Keunig nickköppt: „Is goot. Du hest di veel vörnamen. Ik geev di een Johr Tiet doför. Abers ik wohrschau di. Hool dat, wat du mi toseggt hest!"
De junge Goorner geiht nu överall in den Keunig sien Goorn rüm. He kiekt sik allens an. Denn maakt he sik an de Arbeit.
De Roos för dat Leven liggt em op meist an'n Harten.
Süh, nu kümmt de Summertiet. De Rosenbusch hett al masse Knubbens. De Goorner hett keen Roh mehr. Vun Fröh bit Nacht is he dor ümto.
An een Avend springt de erste Knubb op.
De Goorner freit sik bannig. Doch wat is dat! Ut de Eer kummt en Worm. De Worm krüppt an den Rosenbusch hooch.
Miteens flüggt dor en Nachtigal op to. Se schnappt sik den Worm. Bavento kümmt ut dat Kruut en Slang antokrepen. Nee aber ok!
De Goorner kriggt sik en Schacht her. He haut de Slang doot.
Süh, nu is Roh! Rundüm is dat still. Un denn is ganz liesen en Musik to hören.
Een Knubb na de anner sprüng op. Dat duft överall

in'n Goorn. De Nacht geiht toenn. Bilütten ward dat schummern. De junge Goorner steiht jümmer noch dor. As de Sünn opstiggt, steiht de Rosenbusch in vulle Pracht. Un ik segg jo, all so scheun as de Vullmaand.
De junge Goorner plückt een vun de scheunsten Rosen af. He geiht dormit na den Keunig hen. Sien Hart is an'n Bevern.
„Mien Keunig, ik bring di de Roos för dat Leven. De hele Busch is vull dorvun." De Keunig verwunnert sik. He höllt de Roos in sien Hannen. Dat deepste Glück maakt sik in sien Hart breet. Endlich hett he sien Roos wedder.
De Keunig geiht na sien Keunigin hen. He will ehr de Roos bringen.
De Keunig hett nu all sien Arger un Verdreet vergeten.
Vergeten hett he man ok den Goorner. De geiht in sien Goorn torüch. He kann dat allens noch nich begriepen.
Dat is Summer.
Allens is greun un bunt.
De Immen summt.
De Vagels singt.
Allens rüükt so scheun.
De Goorner föhlt Freid un Dank.
De Roos för dat Leven wasst un bleiht!

# De Regentrude

*na Theodor Storm*

In de olen Tieden hebbt de Minschen noch veel wüsst, över dat, wat vör sik geiht in de Welt, över de Steerns un dat Weder. Se hebbt ok wüsst: De Sünn hett een, de ehr hölpen deit. De Regentrude! Wöör dat op de Eer bannig warm, denn kunn de Regentrude enkelte Wulken vör de Sünn trecken un dat regen laten.

So hett dat Leven op de Eer jümmer noog Water hatt.

Man de Sünn hett ok noch en annern Hölper hatt: Den Füürmann!

Wöör dat to dull mit den Regen, denn dörf de Füürmann de Wulken wedder wegschuven.

Un – kannst di woll dinken – bi dat Her un Hen gifft dat bi den Füürmann un de Regentrude jümmerto Unfreden.

Mennigmaal slöppt de Regentrude in. Denn hett de Füürmann dat Seggen.

So is dat eenmal in'n Fröhjohr west. De Sünnschien brinn op de Eer. De Wischen weren all dröög. Dat Koorn op de Feller ok.

Rein dull weer dat in en lütt Dörp op de Geest. All de Sööd weren utdröögt. De Minschen un de Deerten harn fix Döst. Blots bi den Wischenbuur weer noch noog Water in'n Boorn.

An een Dag geiht de ole Stine na den Wischenbuur hen: „Buur, ik bruuk Water. Miene Schaap sünd al an'n Verdörsten."

„Jo", seggt de Wischenbuur: „Water schallst hebben. Man segg dien Söhn, den Andrees, he mutt mien Dochter Gesche in Roh laten. Dor ward nix vun, he schall ehr nich free'en. Mien Dochter schall wat Beters heiraden as so 'n armen Düvel."
Mutter Stiene antert vörsichtig: „Wischenbuur, dat kunn ween, dor kümmt mal wedder veel Regen. Ja, un denn is bi di allens ünner Water. Denn sünd wi riek un du hest nix in de Melk to krömen."
„Ph ..." maakt de Buur. „Woans schull dat al angahn! Ik bün seker, de Regentrude slöppt al lang."
Mutter Stine sünn na. „Wi mööt de Regentrude waakmaken", sä se.
„Tüünkraam, dat bringt keeneen Minsch fardig!"
Mudder Stine sä nu nix mehr. Se wüss, ehr Möhm har dat mal schafft. De har de Regentrude waakkregen.
„Is goot", sä de Wischenbuur. „Schafft dat een vun jo, un bit morgen an'n Avend regent dat, denn will ik dor mien Segen to geven, un Gesche un Andrees schüllt freen. Dat is mien letzt Woort!"
Buten op den Hoff tööv Gesche: „Mutter Stine, ik help di. Wi bringt dat Water tosamen na de Schaap hen."
Op de Weid drängeln sik de Schaap forts üm de Böörnstääd. Andrees har jem al tosamendreven.
Miteens is en Stimm to hören. En gräsige Stimm. Kunnst meist dat Bevern kriegen! „Hiss! Hiss!", schreet de Stimm. Un wedder: „Hiss! Hiss!" De dree Lüüd verfehrt sik. In grote Iel kümmt dor en lütten Kierl antosusen. De lütte Kierl har rode, lange Hoor. De Hoor fladdern üm em rüm

as Flammen. Allens an em weer füürroot.
Mit siene spittelige Been hüppt he her un hen. Allerwegens springt de füürroden Funken rüm. All de Schaap loopt utenanner. De rote Kierl höögt sik een un schreet:

Dunst is de Bülg,
Mulm is de Born,
Dröög sünd Holt un Büsch,
De Füürmann danzt över de Wisch!

Gesche schreet op: „De Füürmann!"
„Wees still!" suustert Mutter Stine. „Wi mööt us düssen Sprööк marken!"
De lütte Kierl röppt den Sprööк noch eenmal. Denn suust he af.
Mutter Stine seggt den Sprööк op. „Man dor fehlt doch noch wat. – Oh, nu fallt mi dat wedder in:

Nehm di in Acht,
Waak nu op sacht,
Aans haalt di de Mudder
Trüch in de Nacht.

Mutter Stine kiekt Gesche an: „Spreek düsse Riemels na. Man gau! Jümmer noch mal. Mark di allens goot! Jeedeen enkelt Woort!"
Gesche kiekt en beten fraagwies na Mudder Stine hen.
„Jo", seggt de, „dor waakst du de Regentrude mit op. Man wi weet den Weg noch nich. Woneem kunnen wi den finnen?!"
Andrees weer starkmödig: „Ik gah achter den Füürmann

achterran. De weet den Weg. Ik fraag em."
He bruukt nich lang seuken. He geiht eenfach de Sottspoor na.
Miteens süht Andrees den Füürmann. De sitt mittenmang in en lütten Füürhupen un kiekt fuchtig. „Kaam ran, Bursch! Ik weet al, wat du wullt. Du wullt weten, woneem de Weg na de Trude langsgeiht!"
Andrees seggt sachs: „Och wat, wenn ik dat wull. Du weetst den Weg jo sülbst nich." „So, so!" grient de lütte Kierl un pluustert sik op.
„Du denkst, ik weet den Weg nich?! Ha, ha! De Trude wahnt achter den groden Woold. De Weg geiht ünner en ole, grote Wiechel ünner dörch. So, un anners mehr segg ik di nich!"
Andrees löppt gau na de Fruunslüüd trüch: „Ik weet den Weg na de Trude hen!" Un he vertellt. „Goot", seggt Mudder Stine, „dörch de holle Wiechel. Ji beid gaht vör Dag un Dau, wenn allens noch düüster is. Denn hett de Füürmann noch keen Macht."
De Hahn hett noch nich kreiht, do weren Gesche un Andrees al op den Padd. Mudder Stine har jem noch en roren Honnigsaft mitgeven.
Achter den Woold kiekt de beiden sik üm. Enkelte Wiecheln stünnen dor.
Se stellt sik vör de gröttste hen. Luut seggt se de Riemels up.
Miteens gift dat an de Wiechelwötteln en groot Lock.
Se kiekt sik dat an. Dor weer en Gang to sehn mit de Trepp, de güng piel hendaal.

Gesche un Andrees nöhmen sik an de Hannen un güngen dor rünner. Deper un deper.
„Oh“, suuster Gesche: „Wenn wi hier man bloots wedder rutkaamt!“
„Büst du bang?“, fraagt Andrees. – „Nee, dat dörf ik nich. Dien Möhm is ja ok düssen Weg gahn.“
De beiden güngen Stünn üm Stünn. Op’t Letzt ward dat heller un heller.
Se kaamt in ’t Free’e rut. Dor schient de Sünn glöhnig op de Eer.
En groot Daal leeg vör jem. Wiet un siet weer allens dröög. En breden Stroom weer dor, man allens ahn Water.
Nu fraagt de beiden sik: „Schall dat hier dat Riek vun de Regentrude sien?!“
Andrees un Gesche maakt sik wedder op den Padd.
Hitt weer dat, bannig hitt!
Op’n Stutz blifft Gesche stahn: „Ik kann nich mehr wiedergahn!“
Se maakt ehr Ogen to. Andrees höllt ehr forts fast. He treckt den lütten Büdel mit den Honnigsaft ut sien Tasch. Gesche drinkt dor vun. Andrees nimmt ok en Sluck. Nu köönt se wietergahn.
Överall stünnen Бööm rüm.
Andrees meent: „Dat süht hier ut as en Park.“
Dorna kaamt se an en groten See. Man dor weer blots noch en lütte Pütt vun nableben. Mittenmang stünn en Watervagel. He stünn op een Been un har sien Kopp mang de Feddern versteken.
Över den See röver, op de anner Siet, weer en groten

Palast ut Felsensteen.
„Hier mutt dat sien", sä Andrees. „Un nu gah man alleen wieder."
Andrees sett sik ünner en Boom. Dor will he op Gesche töven. Gesche geiht üm den See rüm. Se verfiehrt sik! An'n Över liggt en Gestalt. Keen is dat? En grote Fru. Se hett wunnerscheune Kleder an. Slöppt se?! Is se doot?! Gesche geiht dichter ran. De Fru is so scheun. Man so welk, as de Blomen üm ehr rüm.
Gesche huukt sik bi de Fru daal; se seggt ehr dat, wat se all de Tiet öövt hett:

Dunst is de Bülg,
Mulm is de Born,
Dröög sünd Holt un Büsch,
De Füürmann danzt över de Wisch!
Nehm di in Acht,
Waak nu op sacht,
Aans haalt di de Mudder
Trüch in de Nacht.

Miteens ruuscht dat in de Bööm. Wietaf rullt Dunner.
Dichtbi schreet een heesterig: „De Füürmann!"
De grote Fru maakt ehr Ogen apen.
„Wat wull du? Worüm büst du hier?"
„Och Fru Trude, man gau, staht Se op! Se hebbt al veel to lang slapen."
Fru Trude kiekt sik üm: „Flütt mien Fluss noch in dat Land?"
„Och nee, Fru Trude, de is ganz un gor dröög!"
„Flüggt mien Vagel noch över den See?"

„Nee Fru Trude, nee! He steiht in Slick un Mudd!"
„Oh weh, oh weh!" süüfzt Fru Trude.
„Nu is 't Tiet. Gau, kaam mit mi!"
Gesche geiht ehr achterna: „Schall nu de Regen kamen?"
„Nee, dat geiht noch nich. Vördem muttst du den Soot opsluten. Ik geev di en Kruke mit Water binnen. Un nu gah den Slötel halen!"
Gesche kiekt an de Felsenwand. Dor hangt en bannig groten Slötel. Se geiht mit Kraasch dörch den Mudd. De Slötel is gleunig.
Mit dat Water köhlt se em af. Nu geiht Gesche in de Felsenhall.
Dor steiht de Regensoot. Gesche sluut den Soot op. Dor kümmt vun deep ünnen en Dunst hoch. Dor ward Nevel ut. Ut den Nevel Wulken. Regenwulken!
Düsse Wulken maakt sik op, ut dat Door rut. Un jümmer wieter över Land un Fluss. Dat regent!
„Ik dank di!", seggt de Regentrude. „Du hest mi rett'. Anners har mien Mudder mi in de düüstere Eer trüchhaalt. Un ik bün doch so geern bi de Planten un de Blomen. In de olen Tieden sünd de Minschen jümmer na mi herkamen. Meisttiets de Frunslüüd. De hebbt mi denn Frücht bröcht, ut de Feller un Goorns. Un ik heff jümmer tosehn, dat allens noog Water har."
De Regentrude kiekt Gesche fründlich an. „Nu maak gau. Dat Water löppt op. Dor steiht en Kahn."
Andrees kümmt antolopen. Beide springt se in den Kahn rin un paddelt los. En Tiet later geiht dat in de Dörpbeek rin. Bi dat Huus vun den Wischenbuur steiht al Modder

Stine. Ok de Buur is dor.
Wat hebbt se sik freit!
„Tja", seggt Modder Stine: „De Wischenbuur mutt nu sien Woort holen." De Wischenbuur smuustert: Toseggt is toseggt. Andrees un Gesche, ji köönt nu heiraden."
Daag un Weken güngen vörbi. De Natuur weer wedder an'n Blöhen un Grönen.
Gesche un Andrees fiert Hochtiet. Dat hele Dörp fiert mit. Op den Weg na de Kark hen schient de Sünn as man wat. Man dor kümmt an'n Heven en Wulk antosweven. Op dat Bruutpoor fallen enkelte Regendruppens daal.
Gesche un Andrees kiekt sik an, se hebbt dat forts wüsst:

„De Regentrude!"

# De dree gülden Feddern

*ut Süüddüütschland*

Vör lange Tieden weer dor mal en armen Jungen. He weer moderseelenalleen op de Welt. Un so bedel he sik vun Döör to Döör för wat to Eten. So is de Jung ok an en Slottdöör kamen. De Kock hett em wat to eten geven. Denn hett de Keunig seggt, de Jung kunn sik sien Eten ok sülms verdenen un de Göös höden.

Süh, dat hett he nu maakt. De Prinzessin is dor ok mennichmal bikamen. So güng dat Johr för Johr. De Jung weer nu en Jungkeerl un die Prinzessin en scheune junge Fru. Dat dor en scheune Keunigsdochter is, hett sik allerwegens rümsnackt. Ut en groot Keunigriek keem en Prinz, de wull de scheune Keunigsdochter freen. Ehr Vader weer inverstahn. Man sien Dochter wies den frömden Prinzen af. „Maakt jo keen Möh dormit. Mien Hart hööрt den Göösharder to. Anners will ik nüms heiraden."

Ehr Vadder ward fuchtig: „Ji köönt jo op'n Kopp stellen!" He lett den Göösharder kamen. „Ünnerstah di, de Prinzessin leev to hebben! Ik wohrschoo di: Dor ward nix vun! Oder du bringst mi dree gülden Feddern vun den Vagel Greif!"

De Bursch hett siene Prinzessin trööst: „Ik war düsse Opgaav tostannen bringen. Ik kaam bald wedder trüch."

He maakt sik op den Weg. Wiet weer dat, bannig wiet. De Vagel Greif is wietaf vun de Welt tohuus. Dat weer achter dree grote Länner un en wiet un deep Water.

As de Bursch in dat eerste Land ankummt, markt he glieks: Dor is wat nich in de Reeg. De dore Keunig is bedröövt, un dat hele Volk mit em. „Woneem wull du noch hen?", fraagt de Keunig. „Wat!? Na den Vagel Greif? Ik bitt di, fraag em, worüm us best Appelboom keen Frücht mehr bringt." – „Is goot, ik maak dat."

De Bursch geiht nu wieder. In dat twete Keunigriek weer de Noot groot. De Minister har den Slötel för de Schattkamer verloren. Ok düsse Keunig hett dorvun höört, wo de Bursch noch hen will un gifft em en Opdrag: „Fraag den Vagel Greif, woneem us Slötel afbleven is." De Bursch seggt dat to.

Un nu kümmt dat drüdde Keunigriek. Dor is de Noot noch veel slimmer. Se hebbt keen Water mehr. De Soot is dröge, wat schüllt se doon? „Wenn ik trüch bün, weet wi dat", antert de Bursch.

Sien Weg weer noch lang nich to End. He steiht nu vör dat grote, depe Water, un keen Brüch is to sehn. Man dor steiht een. En överbasigen Keerl. Gläövt dat or nich: en Ries. De steiht an't Över un töövt op Lüüd, de dörch dat grote Water wüllt. He is verflöökt wurn, dat he jeedeen Minschen, de kummt, dor röverdregen mutt. So bringt de Ries ok den Bursch över dat grote Water. De seggt: „Ik dank di." – „Is goot", seggt de Ries. „Man fraag den Vagel Greif, woans ik vun düssen Flöök loskamen kann."

Süh, nu kümmt de Bursch opletzt bi dat Huus vun den Vagel Greif an. Avers de is nich in sien Huus. Sien Fru kiekt vertwievelt: „Rett di, maak, dat du wegkümmst. De Vagel Greif ward di freten!" Do vertellt de Bursch ehr, worüm he

kamen is. Dat duurt de Fru, opstunns will se em hölpen. „Kruup ünner dat Bett un höör nipp un nau to, wat de Vagel to seggen hett."
Unverwohrens störmt un bruust dat. In't Huus ward dat düüster. Man denn tritt mit en grootoordig Glinstern de Vagel Greif dörch de Döör in. Siene Feddern sünd all ut schier Gold. Mit basche Stimm seggt he: „Wokeen is hier in mien Huus? Dat rüükt na en Minschen!" De Fru antert em: „Hüüt is een hier west, he is glieks wedder weggahn." Denn is Fieravend, se gaht in de Puch. De Vagel Greif slöppt. So üm halvig ölven ritt de Fru em en Fedder ut. De Greif schreet: „Wat maakst du dor!?" – „Och, ik heff drömmt. En Keunig hett en Appelboom, an den wasst keen Appel mehr." „Süh", seggt de Greif, „dat is wohrhaftig so. Ünner den Boom liggt en Spitzboov inkuhlt. De mutt rut, denn gifft dat wedder Appels."
De Klock geiht op twölf to. De Fru ritt den Greif al wedder en Fedder rut. „Au!" schreet de Greif. „Wat hest du blots gegen miene Feddern?" De Fru blifft sinnig: „Mi hett drömmt, dor is en Keunigriek in grote Noot. De Minister hett den Slötel för de Schattkamer versuust. Se köönt nu nix mehr köpen." De Greif antert: „Jo, so is dat. Düsse Slötel liggt ünner den Döörsüll. De Keunig hett em dor fallenlaten. Un nu will ik slapen."
Dat ward Klock een. De Fru ritt de drütte Fedder rut. De Greif schreet luut: „Wat fallt di in. Wullt du mi all miene Feddern rutrieden?" – „Dat is mien Droom west", seggt de Fru. De Greif fraagt ehr argerlich: „Wat is denn nu noch?" – „Dat gifft en Keunigriek, dor is in'n Soot keen

Water mehr binnen. De Lüüd sünd all an't Verdörsten."
De Greif süüfzt: „De Lüüd weet man ok gornix. In dat Röhr sitt en Üütz, de mööt se ruthalen." Süh, so is dat west. De Bursch hett allens mithöört un sik dat goot markt. Opletzt fraagt de Fru den Greif na de Malesch vun den Riesen. „Och de", meent de Greif: „He schall eenfach op use Siet vun dat Water blieven. Denn is he düsse Opgaav los."
An'n annern Morgen flüggt de Greif wedder in de Welt rut. Sien Fru langt den Bursch de dree gülden Feddern hen. He seggt ehr Dank vun Harten un maakt sik op den Padd torüch.
De Ries driggt em över dat Water. Op de anner Siet hett de Bursch em den Raatslag vun den Vagel Greif biböögt. Us Jungkeerl kümmt dörch de dree Keunigsrieken. De Soot hett wedder Water geven. De Slötel is funnen wurn. De Boom drifft wedder Knubbens un Bläder.
In jeedeen Keunigriek hett he bannig veel Gaven mitkregen. Jümmers en Peerd, vull beladen mit Gold un Sülver. Bi jeedeen Peerd hett he een vun de gülden Feddern opsteken. Düsse gülden Feddern vun den Vagel Greif lüchten över dat hele Land. Dat weer wunnerbor scheun.
De Prinzessin hett ehren Harder al vun wieden sehn. Wat hett se sik freit! De Jungkierl is stolt un froh west. Ok de Keunig weer nu mit de Hochtiet inverstahn. En groot Fest wöör fiert.
Süh! Enige Johren later sünd se Keunig un Keunigin wurn.

## De Kruke is vull

*ut Norddüütschland*

Dat weer mal, oder ok nich!
En arme Fru hett jüst ehr letzte Penns för wat to Eten utgeven. Se hett allens opeten un nu weer nix mehr dor, gornix! Dat Geschirr hett se opwuschen. Ehr Köök hett se blitzeblank putzt un de Kruke vör de Döör bröcht. De schull in de Sünn drögen. De Fru maakt de Unnerdöör to, denn maakt se ok noch de Böverdöör to.
Na, wat schall nu noch kamen?! Se sett sik mit all ehr Sorgen an den Kökendisch. Dor sitt de arme Fru nu un jammert.
De Kruke steiht buten. Wat maakt de Kruke dor?! Nee aber ok! De Kruke kriggt den Dreih un rullt, un rullt de Straat hendaal, bi en Slachter in den Laden rin. Dor steiht en Fru, de hett Fleesch för ehr Supp köfft. En Tasch hett se nich bi sik. Se kiekt na de Kruke hen. „De kummt mi goot topass", seggt se. Se deit dat Fleesch dor rin.
De Kruke föhlt, dat dor wat binnen is, un eiert ut den Laden rut, op de Straat trüch. Wat hebbt de Lüüd dumm keken!
Bi dat Huus ankamen, pultert de Kruke gegen de Döör.
„Keen is denn dor buten?" – „Kruke is is vull! Kiek mol in mien Buuk rin." De arme Fru maakt de Döör apen.
Se finnt dat Suppenfleesch. An'n annern Dag kaakt se sik en Supp. Se itt allens op. Un denn maakt se allens wedder so as letzt Mal: De Kruke afwuschen, vör de Döör in de Sünn stellt. Denn an ehren Kökendisch sett un jammert.

Süh, wat maakt de Kruke?! De Kruke rullt, hest nich sehn, de Straat langs. Na en Krämer hen. Ji hier weet noch all, wat en Krämer is. Dor köfft jüst en Kierl Tee un Kluntjes. De Krämer kiekt nich hen un packt allens in de Kruke rin. De Kruke haut glieks af. Af na Huus hen.
Se pultert an de Döör. „Keen is denn dor?“ – „Kruke is vull, kiek mal in mien Buuk rin!“ Un wohrhaftig, de arme Fru finnt den Tee un de Kluntjes. Dor hett se sik an'n Namiddag, an'n Avend un to´n Fröhstück Tee kaakt, mit Kluntjes dor in. Süh, dat weer kommodig.
An'n drütten Dag rullt de Kruke wedder weg. Ditmal na den Gröönhöker.
Dat duurt nich lang, dor is wedder wat in de Kruke binnen. Denn af na Huus hen. Kruke pultert an de Döör.
„Keen is denn dor?“ – „Kruke is vull, kiek mal in mien Buuk rin!“
Un wat weer dat? Fiene gröne Bohnen! Wat hett de arme Fru sik freit. Se höögt sik. Gröne Bohnen hett se al jümmers geern eten!
Annern Dag steiht de Kruke wedder vör de Döör. As se dröög is, rullt se na den Veehmarkt hendaal. Op den Veehmarkt steiht en Buur. De hett jüst en Kauh verköfft. Dat weer en gode Kauh. Vele Dalers hett de Buur doför kregen.
Wo nu hen mit all dat Geld? He kiekt sik üm. Süh, dor steiht de Kruke. De Buur smitt sien Geld dor rin. De Kruke rullt los, gau un gauer na Huus to. Pultert an de Döör. „Keen is denn dor?“ – „Kruke is vull. Kiek mal in mien Buuk rin!“ De arme Fru faat in de Kruke rin. Se föhlt dat Geld. Se

haalt all de Dalers rut. Nu freit se sik bannig.
Abers denn! Se dinkt: „Ik verseuk dat hüüt nochmal."
De Kruke steiht wedder buten vör de Döör.
De Kruke kann nich an sik holen, se mutt wedder los. Un ok wedder na den Veehmarkt hen. De Kruke stellt sik dor mittenmang hen.
As de Tofall dat so will, kummt en Kauh dor langs. De Kauh hett drocke wat to doon. Se blifft stahn, un ehr Naricht fallt nipp un nau in us Kruke rin. Kruke föhlt, dor is wat binnen, un af na Huus hen. Pultert an de Döör. „Keen is denn dor?" – „Kruke is vull. Kiek mal in mien Buuk rin." – „Oh", dinkt de Fru, „wat nu wohl binnen is?" Se hett al en Jieper dor op. Se maakt ehren Arm lang un grippt in de Kruke rin. Glieks markt se, wat dor binnen is. Dor ward se fuchtig, dor ward se vergretzt. Se haalt wiet ut un smitt de Kruke op de Straat rut. Dat knallt un dat pultert. De Kruke is tweigahn, in dusend Schören.
Nu weer de Fru ehr Kruke los.
Na ja, dat hett ehr jümmer noch goot gahn. Se hett doch de velen Dalers hatt.
Süh, us hier geiht dat ok goot. Meent ji dat nich ok?

# De Geschicht vun den Suppensteen

*ut Irland*

Dor weer mal en jungen Wandersmann. De hett nix hatt as sik sülben. He lööp dörch de Landen, un jümmers har he Smacht. An een Dag hett he en Infall. He söcht sik an en Acker en Steen op. Un in en Beek wascht he em blank. Denn kümmt he in en lütt Dörp. Dor kloppt he an en Huusdöör.

De Buursfru maakt de Döör op.

– Wat se em en beten Water geven kunn, fraagt de Wandersmann.

Jo, he schall man rinkamen.

– Wat wullt du denn mit dat Water?

– Och, ich wull mi en Steensupp kaken.

– Wats'n datt? – De junge Kierl packt den Steen in en Pott mit Water rin.

– Dat schall en Supp warn?, fraagt de Fru.

– Na ja, Solt un Peper kunn dor schon noch rin. Se gifft em dat. Et duurt 'n beten. Dor seggt he:

– De Supp is noch to plörrig, dor mutt noch en Lepel vull Mehl rin. He kriggt twee Lepels vull.

So, de Supp is an'n Kaken.

Jo, en poor Strunken Grööntüüg weren ok topass. Un wenn de Fru em noch den Hammelknaken geven wull, den anners de Hund kriegen schull, weer dat man ok goot.

– Nee, seggt de Fru, de is nich för 'n Hund, dor is noch Fleesch an!

– Denn man her mit den Knaken, un rin in 'n Pott. Oh, wat dat scheun fien rüken deit!
De Smacht vun den Wandersmann ward jümmers grötter. He meent: „Kantüffeln inne Supp weren ok nich verkehrt."
De Fru kriggt en poor Kantüffeln her.
Nu is de Supp fardig. De Fru will ehr proberen. Se smeckt ehr goot.
He hett nu de Supp opeten.
De Wandersmann schull ehr man dat Rezept geven, se wull em ok den Steen afköpen.
– Nee, seggt he, he schenkt ehr den Steen för de Steensupp.
– Kann ik doch nich annehmen, meen se. Un se geev em noch Broot un en Mettwust mit op den Weg.
De Wandersmann weer fideel. Un de Buursfru weer nu bannig stolt op ehr Rezept vun de Steensupp. Alltiets wenn Besöök kümmt, kaakt se ehr Steensupp.
Un ik segg jo, ik heff ok so en Steen för de Supp, bi mi is de junge Wandersmann ok all west.

# Dat Mess ut de Bülg

*ut Irland*

Fischersmann Seimin Rua is en staatschen Kierl west. An een Dag is he mit sien Schipp un sien Mannschop op See rutfohrt. In de Bucht vun Donegal wullen se Fisch fangen. Dor is dat Weder ümslaan. De See geiht hooch. Storm kummt op. Fischer Seimin steiht vörn an'n Boog. Bannig hoge Brekers slaat över Bord. Miteens kümmt en överbasige Bülg op em to. Seimin treckt een vun siene Schoh ut un smitt em gegen de Gefohr. Liekers is dor glieks de twete Bülg. Nu smitt he den annern Schoh ok noch. De See ward en beten ruhiger.

Söven Mannslüüd sünd mit Seimin op dat Schipp. All hebbt se dat Groon un Gresen. Wat nu op jem torullen deit, is en huushoge Bülg.

Seimin grippt sik dat Ködermess, haalt wiet ut un smitt et in de grote Bülg rin. Mit eenmal is de Storm vörbi. De See röögt sik nich mehr.

De Mannslüüd schippert an Land. Pitschnatt un mööd kaamt se to Huus an. Ehr Familien sünd froh, se harn dat mit dat swore Weder mitkregen.

Dat is al Avend. Seimin sitt an'n Aven un warmt sik op. De Naverslüüd sünd kamen. Seimin vertellt, wat he un sien Lüüd belevt hebbt.

Miteens kloppt et an de Huusdöör. De Döör ward opmaakt. Buten steiht en witt Peerd mit en Rieder in'n Sattel. De snackt mit wunnerliche Stimm: „Seimin, wi hebbt di nödig.

Kaam mit mi, blots du kannst dat Mess wedder ruttrecken. Dat Mess stickt in mien Süster ehr Hart."
Seimin haalt deep Aten: „Ik will dat woll doon, man vördem seggst du mi to, dat sünst nix schehn ward. Un miene Lüüd un Familie ward nix passeren!"
De Rieder antert: „Dat segg ik di fast to, un vör Dau un Dag bring ik di wedder na Huus hen."
Seimin sett sik achter den Rieder op dat witte Peerd. Dat Peerd galoppeer an de Küst henlang. Denn gung dat den Strand hooch. Dor weer in en Düün en Döör. Peerd un Rieder mit Seimin gungen rin. Se müssen en grote Trepp rop, un dor weer en wunnerbar Slott.
In en Stuuv liggt en Deern, se schreet un jammert vunwegen all de Pien. Dat Mess stickt ünner ehr Hart.
„Treck mi dat Mess rut!" – „Ja", seggt Seimin, „ik maak dat, man segg mi to, dat du nie nich wedder Minschen versupen lettst."
De Deern is an'n Bevern: „Jo, jo, jo!" Seimin treckt dat Mess rut, sien Mess.
„Worüm hest du dat doon?", fraagt Seimin ehr. De Deern süüfzt: „Ik bün in di verleevt, ik wull di för mi alleen hebben." – „Deern, du kriggst mi nich, ik will wedder na Huus to miene Lüüd."
An de Döörsüll stünn al wedder de Rieder mit sien witt Peerd. Dat güng in Suus na Huus hen.
De Rieder hett: „Ik weet di Dank", seggt. Denn is he verswunnen.
Seimin hett em nich weddersehn bet an den Dag, an den he mit den Doot afgahn is.

# De Doornbüsch in Donegal

*ut Irland*

Dat hett mal en jungen Buurn geven, de hett Dänny heten. Dänny har man blots een Büx un een Jack för de Arbeit, un een Büx un een Jack för fierdaags hatt. Man he keem jümmers kloor. Bi em leven ok noch een Kauh, een Esel un een Zegenbuck. He har ok twee Feller. Un mittenmang geev dat noch en Doornbusch. Dat mutt so sien, denn in de Gegend gifft dat gode Feen un lütte Lüüd, wo wi Dwargen to seggt. De hebbt jümehr Wahnung ünner de Doornbüsch, deep in de Eer. De Minschen in de Gegend laat de Doornbüsch blöhen un wassen. Nich för teihn Sack Gold har Dänny sien Busch utkregen.

Nu weer dat so: In de Naverschap wöör en Hoff verköfft. De niege Buur keem ut de Stadt. Veel Ahnung hett he nich hatt. He buddelt all sien Doornbüsch ut. Dänny kiekt sik dat an un seggt to em, dat schull he man nalaten. Vun wegen dat lütte Volk dor ünner.

De Naver meent, he is wull mall. Ünnerreerdsche gifft dat nich, meent he. Un de Naver lett sik nich opholen.

De dree Deerten, de Kauh, de Esel un de Zegenbuck, hebbt dat goot bi Dänny. Sommers sünd se op de Feller bi den Doornbusch. Winters staht se in den Schuppen bi Dänny sien lütte Hütt. Se weern de fideelsten Deerten in't hele Land.

Se wullen geern, dat Dänny freen dee. Nu överleggen se sik, woneem se denn en Fru för em finnen kunnen.

An en Fröhjohrsavend treckt Dänny sik sien goden Antog an un geiht na dat Naverdörp. Dor gifft dat en Danzvergnögen. He kümmt bi sien Stück Land vörbi. Dänny is fideel un winkt den Esel, den Zegenbuck un de Kauh to. „Oh, wat is dat trurig, he hett keen Fru", seggt de Esel. „Oh, dat is to'n Hulen!", seggt de Kauh.
„He is so bannig goot to us, he mutt en Fru kriegen", seggt de Zegenbuck. „Laat us nadinken", seggt de Kauh noch achterran.
All dree Deerten leggt sik daal. Se överleggt. Oplest ward dat düüster. Doch denn schient de Maand, un de Steerns funkelt.
Miteens springt de Zegenbuck op: „Mi is wat infullen."
„Wat denn?", fraagt de Kauh. „Wi ward dat lütte Volk ünner den Doornbusch fragen. De könnt us hölpen."
„Och, ik weet nich", puust de Esel. „De Ünnereerdschen hebbt us doch jümmers an de Nees rümföhrt."
De Zegenbuck tuckt an sien Boort rüm: „Wi mööt dat versöken."
Nu maakt se all dree wedder de Ogen to un dinkt na. Op'n Stutz seggt en Stimm, de se nich kennt: „Nu man gau. Wüllt ji nu, dat wi jo hölpen doot oder wüllt ji dat nich?"
De dree Deerten verfehrt sik bannig. Se springt op.
Dor seggt de Stimm: „Schüttkopp nich as dull, un schlacker nich mit diene lange Luusterlappens! Anners fall ik daal!"
„Vun wat fallst du daal?", fraagt de Zegenbuck. „Oh, wat büst du dösig! Vun dor, wo ik sitten do. Wo sünst?!"
„Un woneem schall dat sien?", fraagt de Esel.

„Jo, büst du denn mall?!" seggt de Stimm. „Ik sitt doch twüschen dien lange Ohren."
De Esel föhlt glieks en Stich an sien linket Ohr. „Au!", schreet he. „Piek mi nich noch mal, anners schallst wat beleven!"
De Zegenbuck kiekt na den Esel sien Kopp hen un markt: „Oh Mann, dor sitt wohrhaftig een vun de Ünnereerdschen. He mutt al de hele Tiet dor seten hebben."
De Esel is vergrellt: „Kaam forts vun mien Kopp dor rünner!" Do seggt doch de lütte Kierl: „Wat kunn al veel Groots in dien Kopp sien?!" Un he lacht sik een.
Nu schüttkoppt de Esel as dull. Un de lütt Kierl fallt rünner, mittenmang in en Pütt rin. Wat hett he schimpt! „Ha, ha!", freit sik nu de Esel. De Ünnereerdsche neiht ut. De Esel un de Zegenbuck achter em ran. De Kauh suutje achterher.
De lütte Kierl löppt na den Doornbusch hen.
Op'n Stutz gifft dat en gülden Licht. „Wo sünd wi?", fraagt de Esel. „Weet ik nich", meckert de Zegenbuck.
De Kauh weer do nich mehr bi. De beiden kiekt sik üm. Dor is en langen Gang, meist as en Tunnel. Se gaht dor langs.
Vun wiet weg höört se en Musik. De Esel un de Zegenbuck gaht dor op to. Se kaamt in en groden Saal rin. Wat kriegt se dor to sehn! Bannig vele lütte Mannslüüd. De hebbt all en gröne Jack an un en rode Mütz op den Kopp.
Bloots een nich – de hett en Kroon op 'n Kopp. He sitt kommodig op en groten Thron. „Na, kiek mal an, wokeen hebbt wi denn dor?!" seggt de Keunig. „Ik heff al op jo luurt. Ji schüllt us hölpen. Is keen swore Arbeit." De Esel

un de Zegenbuck kiekt sik an: „Na ja, is goot – wenn ji us hölpt, dat Dänny en Fru kriegen deit."
„Kümmt allens in de Reeg", seggt de Keunig. „Nu passt op. Ik geev jo düssen Büdel. He is vull mit gülden Dalers. De verdeelt ji all över Navers Feller. Dat mutt noch hüüt Nacht ween. Is dat kloor?!"
„Avers – – –", seggt de Zegenbuck noch.
„Nee", seggt de Keunig, „keen Avers. Ji doot, wat ik seggt heff. Dat anner överlaat man mi. Un nu gau ran an de Arbeit!" – „Afmaakt", antert de Esel un speet op de Eer. De Keunig maakt datsülbige.
Ji hier mööt weeten: So weer dat dor Mood, wenn en Verdrag afmaakt wöör.
De Keunig höllt sien Zepter över de Köpp vun den Esel un den Zegenbuck. Op'n Stutz sünd de beiden wedder op de Feller.
Oh, wat kiekt de Kauh baff: „Wo sünd ji west? Ik heff mi sorgt un meist griese Hoor kreegen."
„Och wat", antert de Zegenbuck, „us geiht dat goot."
He vertellt nu allens, wat se bi de Ünnereerdschen beleevt hebbt.
Forts gaht se an de Arbeit. De Esel hett den Büdel op sien Rüch. De Zegenbuck stickt mit siene lange Höörns Löcker in den Büdel. Denn trampelt de Esel över Navers Feller jümmer hen un her. All de Dalers fallt rut. De Kau pett jem fast.
Dat hett glitzert as de Steerns an'n Heven.
Annern Dag, in de Fröh, kiekt se tweemal hen. Rund ümto op de Feller vun den Naver wasst Doornbüsch.

As Dänny dat süht, seggt he: „Na ja, ik heff em dat ja jümmers seggt!"
Dor kümmt al de Naver stracks anlopen. Sien Gesicht is so witt as en Laken. „Wat schall ik doon?", fraagt he vertwievelt. „All mien Feller sünd nich mehr to bruken!"
Dänny blifft ruhig: „As ik di dat seggt heff: Dat lütte Volk!"
„Sowat gifft dat doch gor nich!", antert de Naver. „Egaal – ik heff de Nees vull. Ik treck wedder in de Stadt. Du schallst all mien Feller hebben, un mien Hoff dorto. Ik schenk di allens."
Denn haut he af. De rabbelige Naver is nu weg.
Dänny kiekt na de Feller hen. „Wat is dat?!"
De velen Doornbüsch sünd nich mehr to sehn. Un överall liggt gülden Dalers rüm. Dänny brukt jem bloots noch opsammeln.
Nu is he riek!
Dänny fraagt de Deern, de he al lang leev hett: „Wull du mien Fru warn?" Se seggt jo. Un se hebbt heiraat. Dat weer en Freid!
De Esel, de Kauh un de Zegenbuck weern dor tofreden mit.
Op jeedeen Felld bleev een Doornbusch stahn. Un so is dat dor ok hüüt noch. Ik heff dat sülven sehn.

# De Wunnerbloom

*vun Mallorca*

En Keunig hett dree Söhns hatt. As se noch Kinner weren, do spelen se eens Daags in'n Goorn. Dat weer keen goot Speel! De twee ölleren Söhns piesacken en groten, scheunen Adler. De Adler weer fungen un mit en Keed an en Boom fastbunnen. So möken se dat jümmer. Se hauen den Adler ok mit Schächt. Meisttiets lööp denn dat Bloot an den Vagel hendaal.

Süh. De jüngste Keunigssöhn maakt dat nich. He gifft den Adler wat to freten. He snackt ok mit em. So mit de Tiet kunn de Jung – he ward Bernard nöömt – dat nich mehr mit ankieken. De Piesackeree kunn he nich mehr utholen. Dor dinkt he sik wat ut.

As dat Nacht ward, do geiht he in'n Goorn rünner. He maakt de Keed af. De Adler is nu loos un free.

„Bernard, ik dank di!", seggt de Vagel. „Nu treckt di mal ut mien rechten Flünken en grote Fedder rut. Un nu hóör to: Ut den Fedderkiel maakst du di en lütte Fleit. Kümmst du mal bannig in Angst un Noot, denn fleit dor op. Ik kaam na di hen, so gau as 't geiht."

De Adler spannnt sien Flünkens wiet op. Denn flüggt he op un höger un höger in 'n Heven rin. Jo, un denn hett Bernard nix mehr vun den groden Vagel sehn. Bernard weer nu doch trurig; de Adler weer sien Fründ wurn.

De Johren güngen hen.

De dree Keunigssöhns weren nu al Mannslüüd. An een Dag

kümmt de Keunig ut en bösen Krieg trüch. Allerwegens an sien Lief hett he Wunnen, un nix wull wedder heel warn. Nüms kunn helpen. Keeneen wüss, wat dor to maken weer. Doch denn vertell en ole, wiese Fru, see wüss dor wat. Dat schull en Wunnerbloom geven. Düsse Bloom schull allens heelmaken. Man de Stääd, wonem se wassen dee, de wüss keen Minsch.

Dor röppt de Keunig sien Söhns tosamen: „Ji mööt düsse Wunnerbloom söken. Keen vun jo ehr bringt, de schall na mi Keunig warn. Ik sett em de Kroon op."

De dree Bröder satteln de Peer un reden in de Welt rut. Duur nich lang, dor kömen se an en Krüüzweg.

Süh! Un nu?!

Dor güngen se utenanner. Jeedeen en annern Weg. Un jüst an düsse Stääd wullen se sik na Johr un Dag wedderdrepen.

Un nu güng dat los mit dat Söken. Se söchen un se söchen. Se frögen de Lüüd ut. Se kömen dörch vele Länner. Keeneen wüss wat. Nix weer vun düsse Wunnerbloom to finnen. Un de Keunigssöhns weren jümmer noch so klook, as se vördem west weren.

Bernard kümmt an en Strand. He verpust sik dor. Miteens fallt em in, dat he jo noch de lütte Fleit ut de Adlerfedder hett. He treckt ehr ut sien Tasch un puust dor rin. Un gau is sien Fründ, de Adler, bi em.

„Wat schall ik för di doon?" Bernard haalt deep Luft, denn seggt he: „Mien Vadder is krank, ik söök de Wunnerbloom."

De Adler böört sien Kopp: „Nu kiek mal dor röver, dor över dat Meer. Buten in'n Meer steiht en Felsen. Op den

wasst de Wunnerbloom. Sett di op mi rop. Ik bring di dor hen. Hool di goot fast!"
De Adler swingt sik in de Luft, höger un höger. Liek op de Felsen to. Bernard kann nich veel sehn, allens is vull Nevel. Süh, un denn, ganz baven op den Felsen, sett de grote Vagel em af. De Adler wiest em en Spleet in'n Felsen: „Kiek dor rünner!" Dat maakt Bernard, un wat süht he dor?!
Dat Scheunst, wat he je sehn hett. De Wunnerbloom! Un de rüükt so fien. Dat gifft dat nich nochmal op de Eer.
He kladdert dor rünner. Deper un deper.
Man de Felsenspleet ward enger un enger. Nu sitt he in de Kniep.
Bernard kladdert wedder trüch na baven. „Wat schall ik blots maken? Ik kaam nich an de Bloom ran." De Adler kiekt em klook an.
„Wees man ruhig un hö̈ör mi to. Du brickst mi en Been af. Dor grippst du mit na de Bloom." – „Nee", seggt Bernard, „dat schall ik doon?! Nee un nie nich!"
De Adler hett de Roh weg. „Maak dat man, ik weet, de Bloom maakt ok mi wedder heel." Tja nu, un so is dat ok kamen. Bernard hett de Bloom rophaalt.
As he wedder bi den Adler is, süht he, dat sünd dree Blomen.
Een nimmt he för den Adler sien Been, un dat wuss wedder tosamen.
Nu weer Bernard goot to Moot.
De grote Vagel bröch em trüch an Land. Dor seggt he: „Hööör mi goot to. Vun düsse Wunnerbloom kann jeedeen Bloom blots eenmal hölpen. Överlegg di dat goot, för wat

un för wokeen du ehr bruken wullt. Steek di in jeedeen Tasch een Bloom rin. Vertell dat nich, un nüms dörf de Bloom to sehn kriegen!"
„Jo, so maak ik dat, ik dank di vun Harten!"
Bernard sett sik wedder op sien Peerd. De Adler flüggt wiet weg.
Gau kümmt Bernard wedder bi den Krüüzweg an. Dor töövt he op siene Bröder. Jüst nu sünd een Johr un een Dag üm.
Dat is al Middag, dor kümmt de öllst Broder dor an. Se freit sik beid un nehmt sik in'n Arm. De Broder seggt: „Ik kaam ahn de Bloom. Allens weer vergevens. Un bi di?"
Süh! Dor gifft sik Bernard in sien Schicksal.
„Kiek her, ik heff de Bloom funnen. Ik bring ehr usen Vadder mit."
„Is de scheun!", röppt de öllst Broder. Un dor hett em al de Afgunst packt. Ji hier weet dat doch all. De anner Siet vun de Leevd is de Afgunst! De Broder is nu vull Gift un Gall.
Nee, dinkt he: „De Kroon is mien!"
He ritt Bernard de Bloom ut sien Hannen un haut em wat över 'n Kopp.
Jo, un denn verbuddelt he sien jüngsten Broder in en Sandhupen.
Nu kümmt ok al de twete Broder.
De hett ok keen Wunnerbloom funnen. „Dat geiht jo ok nich", meent de Öllst. „Ik heff de Bloom, un mien is de Kroon, wi köönt nu na Huus hen." – „Schüllt wi noch op Bernard töven?" – „Bruukt wi nich, he schall achterher

kamen."
Se langt in dat Slott an. Dor gaht se forts na'n Keunig hen. De Bloom ward op sien Wunnen leggt. Op de Stell is sien Pien weg.
De Wunnerbloom!
De Keunig kunn wedder fideel sien. „Woneem is Bernard?", fraagt he de beiden Söhns. De twete antert: „Ik weet dat nich, ik heff em bi den Krüüzweg nich sehn."
Süh! Un ji hier, wat meent ji dorto? De jüngst Keunigssöhn kunn doch nich verschütt gahn.
Na kloor doch! He hett jümmer noch een Wunnerbloom bi sik.
Un de liggt akkrat op sien Hart. Un noch wat. Ut den Sandhupen rut hangt een vun sien scheune, lange Hoor. Dat Hoor fangt an to wassen. Ward länger un höger. Dor ward en Reethalm ut, scheun un greun. Wenn de Wind dor över weiht, is en Melodei to hören.
An een Dag keem en Harder dor lang. „Oh! So en scheunen Reethalm, ik maak mi dor en Fleit ut."
Sünnerbor! Jümmer wenn de Harder fleiten deit, fangt de Fleit an to singen:

O Harder, gode Harder!
He reet de Bloom mi ut de Hand
Un lä mi daal in düssen Sand.

Jüst speelt de Harder op sien Fleit, as he an dat Slott vörbikummt.
De Keunig hett sien Finster apen. He höört dat Leed.
„Wat schall denn dat bedüden? Kaam foorts hier rin! Laat

mi mal op düsse Fleit spelen!"
De Keunig speelt. Un wat is to hören?!

O Vadder, leve Vadder!
He reet de Bloom mi ut de Hand
Un lä mi daal in düssen Sand.

De Keunig röppt na sien Fru, de Keunigin. „Speel du mal dor op."
Se speelt, un wat is to hören:

O Mudder, leve Mudder!
He reet de Bloom mi ut de Hand
Un lä mi daal in düssen Sand.

Nu is de Keunig heel un deel verwunnert. Em kümmt en gräsigen Gedanken. Gau röppt he sien Söhns ran. To den tweten seggt he:
„Speel op düsse Fleut!" Jo, un dor kümmt:

O Broder, gode Broder!
He reet de Bloom mi ut de Hand
Un lä mi daal in düssen Sand.

De Keunig kiekt sien Öllsten an: „De Reeg is nu an di!" De Öllst wull nich. Dor ward de Keunig fuchtig: „Ik segg di, du speelst!!!"
Al bi den ersten Ton köönt se dat hören:

O Broder, böse Broder,
Du reetst de Bloom mi ut de Hand
Un lääst mi daal in düssen Sand.

De Keunig töövt nu nix mehr af. All de Lüüd vun'n Hoffstaat mööt mit.
De Harder wiest jem de Stääd in'n Sand. De Deners buddelt. Un wohrhaftig, Bernard is dor binnen. Krall un kregel kiekt he ut sien Ogen.
Ok wenn he dor dusend Johr legen har, de Wunnerbloom har em rett.
Bernard vertellt nu allens. Wokeen em hulpen hett. Wat em sien öllst Broder andoon har. Un he wull em dat nich nadregen.
De Keunig hööрt sik allens an.
Süh, un denn sett he Bernard forts de Kroon op.
Un ik segg jo: Bernard is de beste Keunig wurn, den dat in dat Land jichens geven hett!

# De Tuunkeunig

*ut de Normandie*

In de olen Tieden, dor hett dat noch keen Füür geven op de Eer. De Minschen un de Deerten hebbt dat wüsst: Füür gifft dat, man keeneen wüss, woneem dat Füür weer. Woans kunn een dat finnen? De Lüüd hebbt raatslaan un raatslaan. Is nix bi rutkamen. Op letzt wöör beslaten: Se wüllt den Vadder in'n Heven fragen.

Süh, un nu?! Woans schullen se dat anfangen?!

Do hebbt se de Vagels fraagt, toeerst de groten.

Nee, se wullen nich, ok nich de scheune, grote Aadler. Vun de lütteren wull ok keeneen. Noch nich mol de Lark, un de kunn doch jümmer ok ganz baven an'n Heven singen. Denn hebbt se wedder alltosamen raatslaan.

Miteens kümmt en lüürlütten Vagel antoflegen. De sett sik dorto. „Gifft dat wat Wichtigs?" Opletzt seggt de lütte Vagel: „Wenn dat anners nüms doon will, denn maak ik dat."

De annern wunnert sik. „Dat geiht nich, du büst to lütt. Dien Flünken sünd to kort. Dat is en Stück Arbeit. Dor kunnst du bi dootgahn! De Heven is so wiet weg."

De lütte Vagel schüttkopt: „Ik versöök dat. Puttegal, wo dat geiht!"

De lütte Vagel flöög los. He flöög un he flöög. Un wat meent ji woll, he kümmt in'n Heven an. De Vadder in'n Heven is fründlich: „Du lütte Vagel, wat büst du doch för en dapperen Kierl. Du hest veel Kraasch. Kaam man her

na mi un verpuust di."
De Vadder weet dat jo al. Liekers fraagt he noch: „Worüm büst du herkamen?" De lütte Vagel jappst noch en beten: „Ik will dat himmlische Füür op de Eer bringen." – „O ha! Wat hest di dorbi dacht? Wenn du op de Eer ankümmst, büst al lang in dat Füür opgahn." – „Och wat", antert de lütte Vagel, „ik schaff dat al."
„Denn hôör to!", seggt de Vadder in'n Heven. „Ik geev di vun dat Füür. Fleeg man suutje. Denn kannst dien Feddern beholen."
De lütte Vagel seggt allens to, bedankt sik un maakt sik op in de Luft. He flüggt man jümmer sachte. He is noch wiet weg vun de Eer.
Bilütten kümmt de lütte Vagel wedder nöger an de Eer ran. Dat Füür hett he bi sik. Un miteens kann he jem sehn, dor ünnen: De Minschen un de Deerten. Se töövt op em. Se roopt un winkt.
Süh. Un nu hett de lütte Vagel dat ielig. Nu flüggt he so gau as 't geiht.
Un wat passeert?!
De Vadder in Heven hett ok dat wusst.
De lütte Vagel is an'n Brennen. He kümmt op de Eer an, man all sien Feddern sünd opbrinnt. He hett keeneen Fedder mehr.
Süh. Nu gifft dat wat Afsünnerlichs.
All de Vagels üm em rüm geevt em een Fedder vun sik af.
So hett de lütte Vagel gau en nieget Fedderkleed an.
Un de lütte Vagel is Keunig wurn. Wi kennt em all.
He sitt jümmers in Heck un Tuun.

# De Jung mit dat gülden Hart

*Herkunft unbekannt*

In de olen Tieden weer dor en Keunig. De Keunig weer klook un gerecht. Kömen de Keunige ut de Länner umto bi em to Besöök, denn weer dat en Zeremonium. Se müssen sik jümmerto deep verbögen. Denn puust de Keunig sien Backen op uns sä: „Puuuh!" De Besöök stell sik wedder akraat hen un möök noch gau en Kratzefoot.

Us Keunig weer en goden Keunig. Dat hele Volk müch em geern.

Un noch wat: Wenn de Keunig prüschen müss, röpen all de Lüüd togliek: „Gesundheit, Herr Keunig!"

De Keunig un sien Keunigin harn en Dochter. Oh, dat weer en fiene Deern. Dor weer wat sönnerlichs, de Prinzessin har en gülden Hart. Nu dach sik de Keunig, wenn sien Dochter utwussen weer, schull se en Mann heiraden, de ok en gülden Hart hett.

De Keunig leet nu in't hele Land utropen, he söch en Jung mit en gülden Hart. De schull ok glieks mit sien Dochter opwassen, spelen un lehren.

All de Ritters un Grafen bröchen nu ehr Söhns in dat Slott. De enen hebbt rode Backen hatt, de annern helle Hoor. Man een mit gülden Hart is dor nich mit mang west. Dat weren allens Rabauken. De een pier geern de Hunnen, en anner arger de lütten Kinner. Un een weer dorbi, de de Maisäwers de Been utrieten dee.

Dat kümmt noch duller. Een ollen Fent weer dorbi, de

füng mit de Prinzessin Striet an.
De Keunig hett all de Rabauken wedder na Huus jaagt.
Nu weer he trurig, wat schull he maken?!
Denn vertell em een vun sien Lüüd, dat wiet achtern in'n Woold en Fee wahnt. En Fee, de veel weet ut all de Welt.
De Keunig maakt sik op den Padd. Na, dat is doch wat, he schickt nich sien Lüüd oder den Minister. Ne, he geiht sülvst.
„Gode Fee, segg mi, woneem finn ik den Jung mit en gülden Hart?"
De Fee kiekt em en lange Tiet an.
Se seggt blots en poor Wöör:

De Poggen in dat Rohr,
De Vagels vör dat Door,
De Immen mit den Kragen swart,
De seggt di dat.

De Keunig freit sik. He seggt de Fee vun Harten Dank.
Tja, un nu?
De Keunig geiht na en Beek hen. Dor sitt en Barg Poggen an rüm.
„Ach leve Poggen, weet ji en Jung mit en gülden Hart?"
De Poggen maakt all tosamen en Sprung, un platsch sünd se in 'n Water binnen. Dor kiekt se denn mit ehr Köpp rut, un seggt:
„Quaak, Quaak", anners nix.
De Keunig schüttkoppt, denn geiht he vör dat Stadtdoor.
Dor is en Woold vör.
„Leve Vagels, weet ji en Jung mit en gülden Hart?"

De Vagels roopt: „Wie, wie, wie“ un „piep, piep, piep.“ De Keunig dinkt, de Vagels hebbt em för'n Narren holen. He will dat nu noch bi en Schäper versöken. He weet een, de hett en poor Immenkörf. Nu fraagt he de Immen: „Leve Immen, weet ji en Jung mit en gülden Hart?“ „Sum, sum, sum“ un „bsss, bsss, bsss“, seggt de Immen. Se fleegt jümmers üm em to. De Keunig weet nich mehr, wat he noch maken schall. He geiht wedder in sien Slott trüch.

In dat sülvige Keunigriek weer en Jung op Wannerschaft. He har keen Mudder un Vadder un ok keen Tohuus mehr. He weer jümmer ünnerwegens, dwars un dweer dörch de Welt.

Op sien Weg in de Heid is dor en Kuhl. He kiekt dor rin. Un wat süht he? En lütten Pogg. De Pogg will ut de Kuhl rut. Man dat geiht nich. He krabbelt un zappelt. „Ik help di“, seggt de Jung. He böört den Pogg dor rut. He packt em vörsichtig in sien Tasch un maakt sik wedder op den Padd. Dat duurt nich lang, dor kummt de Jung an en Graven vörbi. Wat süht he dor in? En Vagel. De Vagel hett sik en Flünken toschannen maakt. Wenn nüms kümmt un em helpen deit, haalt em de Katt, dinkt sik de Jung: „Du duurst mi, lütte Piep-man-to, kaam mit mi.“

De Jung sett den Vagel vörsichtig in sien Jackentasch.

So geiht he wieder. Na en langen Weg küümt he an en Pütt.

In de Pütt strampelt en Imm. Duurt nich mehr lang, denn suppt se af, dinkt he sik.

De Jung packt de Imm vun baven un sett ehr denn op sien

Kragen.
Nu sünd se al veer.
Se kaamt an en Woold vörbi. De Jung is mööd. Smacht hett he ok.
In sien Tasch is noch en Stück Broot. Tja, un de Deerten. En beten Broot is för den Vagel. För den Pogg sammelt he Flegen. De Imm ward op en Bloom sett.
Nu leggt de Jung sik daal un slöppt in't Gras.
De Deerten sitt bi em op 'n Buuk. De Sünn schient warm.
Nu geiht de Geschicht vun den Keunig wieder. He hett de hele Nacht nich slapen. „Wat hett de gode Fee noch seggt?!

De Poggen in dat Rohr,
De Vagels vör dat Door,
De Immen mit den Kragen swart,
De seggt di dat."

De Keunig sinneert un sinneert. „Wat heff ik blots falsch maakt?!"
„Ik gah wedder na de Fee hen." He geiht los. Dorbi kummt he ok an den Woold vörbi. Un wat süht he dor: En Jung liggt in't Gras un slöppt.
Op em sitt dree Deerten. Een Pogg, een Vagel un een Imm.
Dat is he, weet de Keunig nu: Dat is de Jung, de en gülden Hart hett. De Keunig töövt noch en beten. De Jung waakt op un kiekt wunnerwarken.
De Keunig smustert em an: „Ik gröööt di. Komm mit mi op mien Slott. Du schallst dat goot hebben."

De Jung weer inverstaan.
Denn is he mit de Prinzessin upwussen. Na Johren hebbt se heiraat.
Se sünd Keunig un Keunigin wurn. Un noch wat: Se hebbt bannig vele Kinner kregen. De sünd denn överall in de Welt gahn.
Süh, un mennigmaal föhlt wi, dat wi en Minschen drapen hebbt mit en gülden Hart.

# De Draugs

*ut Norwegen*

Dat is an'n Wiehnachtsabend west. Dor baven in'n Noorden op de Lofoten, Julnacht ward dat dor nöömt. Dat weer en Hannelsplatz för de Fischers. En lütt Dörp, mit en poor Hüüs, en Kark un en Karkhoff dorbi. De Lüüd dor fiert dat Julfest mit Eten un Drinken bit to'n Ümfallen. Na ja, jeedeen mutt weten, wat he verdregen kann.

Bi en rieken Koopmann in'n Huus weer denn ok al de Kööm all. Dor schick he den Lehrjung na den Haven rünner. He schull ut dat Packhuus en Kroog vull Kööm halen.

Den Dag weer dat so en dull Schietwedder, kunnst nich dien Hannen vör de Ogen sehn. Dat regen, wat vun'n Heven rünner kunn. Un störmt hett dat! Een kunn sik kuum op de Been holen.

Süh, un pickendüster weer 't noch bavento!

In dat Lagerhuus ankamen, geiht de Jung na dat Fatt mit den Kööm hen. Schufft den Kroog dor ünner un dreiht den Hahn op.

As he dor so töövt, kiekt he na de Döör hen.

Wat is dat?! He verfehrt sik. Dor sitt een!

En Draug!

En Draug is een vun de Undoden ut de See. An'n Julavend kaamt se un haalt sik en Lebennigen.

De Jung hett al dat Bevern!

De Draug hangt vull mit Tang un Algen. Üm em rüm lücht dat so grulich.

Miteens snackt de Draug: „Hüüt is Julnacht, geev mi en Sluck vun düssen Kööm."
Oh, wat höör sik de Stimm grugelig an.
De Jung dach: „Woans kaam ik hier bloots wedder rut? Woans maak ik dat?!"
He nöhm all sien Moot tosamen un anter: „Klor doch, schallst Kööm hebben!"
Un denn smeet he den Kroog den Draug an sien Koop. De Draug pulter de Trepp daal. De Döör weer free. De Jung nix as rut.
He lööp so gau as 't güng den Weg trüch na dat Dörp rop. Achter em bruus un blubber de See, jümmer duller un duller. Dor weer en Larm as vun vele hunnert Suldaten. Dat rüük na Mudd un Fisch.
Jüst nu slögen de Klocken vun den Karktoorm.
De Jung har sien Kraasch wedderfunnen. He sprüng över de Karkhoffmuur. Nu rööp he luuthals: „Ji goden Seelen, staht op! De Doden ut de See sünd achter mi ran! Staht op! Helpt mi!"
De Jung in sien Bang stölter över Gräver un Krüzen. Op de anner Karkhoffsiet sprüng he denn gau wedder rut.
Achter de Muur verpust' he sik en beten.
Vun'n Karkhoff röver is en Rummeln un Krachen to hören. So as wenn Holt un Iesen openanner knallen deen.
Schull de Welt ünnergahn?! Dat woll nich! Man keeneen Stimm weer to hören.
De Jung nöhm wedder sien Been in de Hannen. Nix as na Huus hen. Dor güng he forts in sien Bett, trock sik de Deek över'n Kopp un dach: „Ik weet woll, vertellen dröff ik dat

hüüt nich mehr."
An'n Wiehnachtsmorgen güngen de Lüüd na Kark hen.
Nu, wat se dor to sehn kregen! De hele Karkhoff weer vull mit Breder un Holt, vull vun Iesen, vun Ankerkeden un Enterhakens. Veel ut de Gräver, un veel ut de See.
En olen Kaptein nickköpp: „Ik weet al, de Draugs sünd hier west."
De Jung, de hett düt Beleevnis nie nich wedder vergeten.

# De Katt vun Dovre

*ut Norwegen*

Dat weer in en Land wiet baven in'n Noorden. Dor hett en Mann deep in'n Woold en lüürlütten Boor funnen, de vun sien Mudder verlaten weer. Dat weer wat Afsünnerlichs. De lütte Boor weer witt, so witt as de Snee. Man de Ogen un de Nees sünd swatt west, pickenswart. De Mann hett den lütten Boor mit na Huus nahmen. He hett em en poor Johr lang fodert un pleegt. Dat is en fienen utwussen Boor wurn.

De twee hebbt sik goot verstahn.

Nu is dat so kamen: In een Johr, kort vör Wiehnachten, dinkt sik de Mann: „Dat is en bannig scheunen, groten Boor. Ik will em usen Keunig schenken. So wat Fiens hett de Keunig noch nie nich to sehn kregen. Glieks an'n annern Morgen maakt sik de Mann mit sien Boor op 'n Padd. De Reis is lang un swoor. Dat geiht dörch Barg un Daal un dörch dat Holt. Se hebbt den Weg noch nich mal halv schafft, dor ward dat bannig düüster. De Storm püüstert den Snee dör de Gegend, datt een de Hand vör Ogen nich mehr sehn kann.

Se stappen jümmers wieder. Man se weet nich mehr, gaht se vör oder gaht se trüch?

Op´t letzt is dor en Lichtschien to sehn. Dat Licht schient ut en Huus rut. Dat weer de Hoff vun Buur Halvor. Halvor wahnt dor mit sien Fru un Kinner, un all de Määgd un Knechten.

De Mann seggt sinnig:
– Boor, büst du mööd?
– Brrrhm!
– Wüllt wi hier över Nacht blieven?
– Brrrhm!
De Mann kloppt an de Döör. De Döör ward apenmaakt.
– Buur, laat us in dien Huus rin. Hier buten is dat düüster un koolt.
Buur Halvor kiekt vertwievelt:
– Leve Mann, dat geiht nich. Wie mööt sülven all ut 'n Huus rut. Jümmers in de Julnacht kaamt bi us de Trolls in 't Huus. Wi geevt jem denn veel to Eeten un to Drinken. All de Dischen staht al vull. Blots wenn wi dat maakt, hebbt wi över 't Johr Roh vun all de Trolls.
– Boor, büst du bang vör de Trolls?
– Brrrhmm!
– Wüllt wi hier blieven?
– Brrrhm!
De Buur löppt gau mit all sien Lüüd ut 'n Huus rut.
– Wi gaht na us Sippschop in´t Naverdörp.
In de Wahnstuuv steiht en grooten Kachelaven. De Boor leggt sik achter 'n Aven hen. De Mann op de Avenbank.
Se slaapt un allens is still. Dat ward Middernacht. Miteens geiht de Huusdöör op. En groot Pultern un Spektakel.
Oh, wat 'n Weeswark! Nu sünd se dor, de Trolls.
Bannig grote Trolls, lütte Trolls, dicke Trolls, spittelige Trolls. Trolls mit lange Nesen, Trolls mit horige Pranken, Trolls mit Ringelsteert. Un opletzt lüürlütte Trolls.
All tohoop giert se na dat Eeten hen. Denn freet se un

schmatzt. Dat mutt jem goot smeckt hebben. Dornah hebbt se lacht un sungen. De Trolle hebbt nich wusst, dat dor noch een achter den Kachelaven weer.
De lütten Trolle speelt un krabbelt op den Footbodden rüm.
Een Krabauter löppt achter den Aven.
Oh! Wat is denn dat. En witt Fell, en Muuschkatt?!
Dat Trollkind löppt trüch an 'n Disch un grippt sik 'n Wust.
De Wust is hitt. „Muuschkatt, wullt du 'n Wust?"
Dat Trollkind stupst de Wust an de swarte Boornees.
Oh weiha! De hitte Wust!
De Boor steiht op. He kümmt achter den Aven vör. He stellt sik op siene Achterbeen. Denn geiht he op de Trolls to. De Trolls verfehrt sik. Jem bevert de Backen. All dat gode Eten blifft stahn un liggen. Dat geiht holterdipolter ut de Döör rut. All tosamen wedder in den Woold rin.
För düsse Nacht is Roh in't Huus. De Mann un sien Boor slaapt bet annern Morgen. Denn treckt se wieder. Se wüllt doch na den Keunig hen.
Nu is Wiehnachten!
Buur Halvor kümmt mit sien Lüüd wedder na Huus. Se wunnert sik, se kiekt sik üm – dor steiht noch Eten op de Dischen!?
Na jo!, se wüssen jo nich, wat dor üm Middernacht passeert is.
Un ik segg jo: De Geschicht is noch nich to End.
Anner Johr, so kort vör Wiehnachten, is Buur Halvor mit sien Knechtens in'n Woold. Se maakt Füürholt. Miteens süht Halvor achter de Fichten de Trolls. Een vun jem löppt

na em hen.
– Halvor?
– Jo, wat is denn?
– Halvor, hest du dien grote Katt noch in'n Huus?
– Kloor doch, de slöppt meisttiets achter den Kachelaven. Dit Johr hett se al tweemal söven Junge kreegen.
De Troll is baff:
– Tweemal söven Junge!
– Jo, jo, de sünd nu al grötter as de Ole. Worüm wullt du dat weten?
Dor anter keeneen mehr.
De Troll is afhaut. Ok all de annern mit em. Futsch un weg! In de Gegend hebbt de Lüüd nie nich wedder en Troll sehn. Ok nich an Wiehnachten.
Vun dor an kunn Buur Halvor mit sien Lüüd jümmers froh un friedlich Wiehnachten fiern.

# Pepernööt un Brummiesen

*na Volkmann-Leander*

Dat is al en lange Tiet her. Dor hett mal en Keunig leevt. En Keunig in sien beste Johren. An een Morgen in de Fröh, jüst as de Keunig opstahn is, dor markt he: Is doch nich to glöven! He hett en poor Löcker in sien Strümp. De linke Strump hett dat Lock ünner de Hack, de anner Strump ünner de Töhns.

De Keunig is baff. Nee aber ok!

Forts röppt he na sien eersten Minister un seggt: „Nu kiek di dat an. Wat schall mi dat hölpen, dat ik Keunig bün? Ik bruuk en Keunigin, de mi de Strümp stoppt."

De Minister smuustergrient: „Majestät, mit Verlööf, Ji schullen heiraden!"

De Keunig krüüst siene Stiern: „Du weetst, ik geev mi nich so licht tofreden. Mien Keunigin schall klook un scheun ween. Un dat Allerbest: Se mutt Pepernööt backen könen. So bannig gode Pepernööt. Nich to seut, nich to soltig, nich to hart, nich to möör un bavento scheun krosch. So as ik dat segg: bannig gode Pepernööt!

In mien hele, grote Keunigsriek gifft dat keeneen Minschen, de dat maken kunn. Och! Ik eet de Pepernööt gor to geern."

De Minister glöövt, dat geiht: „Majestät, wi schüllt woll en Prinzessin finnen. Een, de gode Pepernööt backen kann."

An'n annern Morgen maakt sik de Keunig un sien eerste Minister op de Reis. Se reist dörch all de Naverkeunigrieke.

Man dor weern bloots dree Prinzessinnen, de scheun un klook weern.
As de Keunig de eene fröög, ob se Pepernööt backen kunn, dor wöör se füünsch: „Laat mi mit dien Tüünkraam tofreden!"
De twete seggt em: „Na ja, dat deit mi bannig leed. Ik back jümmers leckere Mandelhörnchen. Dat is doch ok wat Goots!"
Na, un denn sünd de Keunig un sien Minister bi de drütte Prinzessin. Dat weer de scheunst un de kleukst. De har en hellen Kopp. Se snackt em furns an: „Herr Naverkeunig, könnt se denn dat Brummiesen spelen?"
De Keunig kiekt en beten bedröppelt: „Brummiesen? Nee, Brummiesen spelen kann ik nich."
„Tja", meent de Prinzessin, „denn ward dat nix mit us beid – Brummiesenmusik höör ik för mien Leven geern. Ik heiraat bloots en Mann, de dat Brummiesen spelen kann."
Jo, so weer dat nu! De Keunig un sien Minister maakt sik wedder op den Padd na Huus hen. De Keunig haalt deep Luft: „Süh, dat is dat nu west!"
De Tiet geiht hen, de Keunig hett jümmer noch dat Lengen na en Fru. An een Morgen seggt he to sien eersten Minister: „Höör to. Ik geev di en groden Opdrag. Du maakst di op den Weg in de Keunigrieken ümto. Toeerst na de Prinzessin, de Mandelhörnchen backen kann. Fraag ehr, ob se mi heiraden will."
De Minister is al an densülbigen Dag trüch. Düsse Prinzessin hett al heiraat. Se hett den Keunig ut dat Land nahmen, wo de Peper wasst.

De Keunig schüttkoppt: „Dor schall mi doch de … – Na, denn reis mal na de tweete Prinzessin hen und fraag ehr."
Ok dor is nix ut wurn. De Minister vertellt: Düsse Prinzessin is mit den Ober-Hoff-Koch dörbrinnt.
De Keunig simmeleert un simmeleert. He hett al Kopppien vun dat vele Dinken. Süh, dat is ok wat, worüm en Keunig en Keunigin bruukt.
Opletzt kreeg de eerste Minister den Befehl – oha! – den Befehl, he schull gau na de drütte Prinzessin hen. Villicht, jo villicht har se ja ok mal doröver nadacht.
De Minister hett sik nich freit op düsse Reis. He hett meent, dat ward ja doch nix. Man denn, unverwohrens hett de scheunste un ok kleukste Prinzessin ja seggt.
Ik glööv, se har den Keunig glieks goot lieden kunnt.
Na, un de Brummiesenmusik?! Höört wi mal, woans dat wiedergeiht.
Se fiert en grote Hochtiet. Dat hele Volk weer inlaadt. De eerste Minister hett en Orden kregen.
De Johren gaht dorhen. De Keunig un sien Keunigin leevt in Lust un Freid. So har dat wiedergahn kunnt.
Wenn nich, tja, wenn nich de Keunig an een Morgen mit dat verkehrte Been opstahn weer. Wi weet dat jo all. Allens geiht mal in de Grütt.
Dat Weder is grau un griesig. Dat Zepter fallt den Keunig ut sien Hannen. De Riekskoort is verschütt gahn. De Koch hett dat Eten anbrennen laten. De Minister hett dat Gesetzbook verbummelt.
Un as wenn dat noch nich langen dee: De Keunigin is nich op 'n Damm.

Süh! Nu passeert dat, wat in jeedeen Ehe jichtenswenn to'n eersten Mal vörkummt: De Keunig un sien Keunigin hebbt sik in de Plünnen.

Se striedt sik, ik segg jo, dat weer nich jüst liesen! De Keunig is brummig, de Keunigin snippsch. So geiht dat en Wiel hen un her.

Miteens seggt de Keunigin: „Du weetst ja nich dat Brummiesen to spelen!"

Nu is de Keunig suurmuulsch: „Un du, du kannst keen Pepernööt backen!" De Keunigin swiggt still. Se geiht ut de Döör rut.

Se weent. „Oh, wat heff ik dor blots maakt!"

De Keunig geiht in sien Stuv hen un her, op un daal. „Wat maakt wi nu?! Se kann keen Pepernööt backen, ik kann keen Brummiesen spelen. – Na, ik will doch mal kieken, wat mien Keunigin nu maakt."

Dat geiht nu al op de Nacht to. De Keunig geiht op de Deel rut.

Dor is dat düüster. He geiht vörsichtig an de Wannen lang. Dor föhlt he wat. En Hand. „Keen is dor?" En liese Stimm seggt: „Ik bün dat." – „Och, Leevste, wat maakst du hier in'n Düüstern?!" – De Keunigin süüfzt: „Leve Mann, ik will bi di afbitten." – „Ne aver ok", seggt de Keunig. „Ik bün veel leger west as du!" De Keunig nimmt sien Keunigin ganz fast in sien Arms.

Denn seggt he noch achterrann: „Twee Wöör sünd vun hüüt an verbaden. Dat sünd: Brummiesen ..." – „un", seggt de Keunigin: „Pepernööt!"

# Wat in düt Book to finnen is